ACLARANDO LA BIBLIA

UNA EXPERIENCIA DIGITAL PARA
AYUDARLE A ENTENDERLO TODO

POR
MITCH MAHER

LUCIDBOOKS

Título del original: *Clarifying the Bible* © 2003 por Mitchell Maher. Traducido con permiso.

Edición en castellano: *Aclarando la Biblia* © 2022 por Mitchell Maher.

Traducción: Becky Baron de Muñoz

Todos los derechos reservados. Ninguna parte de esta publicación podrá reproducirse de cualquier forma sin permiso escrito previo del autor, ni deberá guardarse en sistema de almacenaje, ni transmitirse de ninguna manera ya sea electrónica, mecánica, fotocopiada, grabada, ni en ningún otro formato, con la excepción de citas breves en revistas o reseñas.

eISBN: 978-1-63296-570-7
ISBN: 978-1-63296-569-1

A menos que se indique lo contrario, todas las citas bíblicas han sido tomadas de LA BIBLIA DE LAS AMÉRICAS® (LBLA), Copyright © 1986, 1995, 1997 por *The Lockman Foundation*. Usado con permiso.

¡DESCARGUE SUS VIDEOS AHORA!

¡Felicidades! Al comprar este libro tiene acceso **GRATUITO** para descargar los videos digitales de mi sitio web. Favor de buscar el código e instrucciones al final del libro ¡y disfrute!

Contenido

Introducción   1

Cómo usar este cuaderno   3

Sección I: Notas del video   5
    1-4: Un panorama amplio de la Biblia entera   7
    5-12: Un panorama amplio del Antiguo Testamento   17
    13-20: Un panorama amplio del Nuevo Testamento   35

Sección II: Notas para estudio adicional   57
    1-4: Un panorama amplio de la Biblia entera   59
    5-12: Un panorama amplio del Antiguo Testamento   64
    13-20: Un panorama amplio del Nuevo Testamento   82

Notas   96

Introducción

Una de mis citas favoritas acerca de la Biblia es de un autor desconocido:

«Este libro contiene la mente de Cristo, el estado del hombre, el camino de la salvación, la condena de los pecadores y la felicidad de los creyentes. Sus doctrinas son santas, sus preceptos son normativos, sus historias son verdaderas y sus decisiones son inmutables. Léalo para ser sabio, créalo para estar seguro y practíquelo para ser santo. Contiene luz para dirigirle, alimento para sustentarle y consuelo para animarle. Es el mapa del viajero, el bastón del peregrino, el compás del piloto, la espada del soldado y el carácter del cristiano. Aquí el paraíso es restaurado, el cielo es abierto y las puertas del infierno son manifiestas. Cristo es el objeto principal, nuestro bien es su diseño, la gloria de Dios es su fin. Debe llenar la mente, gobernar el corazón y guiar los pies. Léalo lentamente, frecuentemente y en oración. Se le es dado en vida, será abierto en el juicio y será recordado por siempre. Involucra la más alta responsabilidad, recompensará la más grande labor y condenará a todos los que alteran su sagrado contenido». [1]

¡Wow! *Aclarando la Biblia* es mi esfuerzo de ayudarle a entender el panorama amplio de la Biblia, con la meta de motivarle a una vida de devoción personal a las Escrituras. Desde que fue producido originalmente en el 2007, este recurso ha sido usado por Dios para bendecir a miles de vidas. Es mi esperanza que esta nueva versión en español ayude a una nueva generación a profundizar en la Palabra de Dios con más seguridad que antes.

Agradezco especialmente a varias personas. Dr. Dwight Morris y Kem Wilson, Jr., ambos de Memphis, Tennessee, compartieron mi visión y pasión original para que este proyecto despuntara hace años. Su guía y apoyo en los primeros días fue sin paralelo. Esta nueva y mejorada versión de *Aclarando la Biblia* ha recibido gran apoyo de Kem y Norma Wilson, David y Sharon Sheridan, Will y Vickie Hussey, Nathan y Tiffany Dagley, Ronnie y Kay Cotten, Steve y Cynthia Kragthorpe, y mi padres, Bob y Jean Maher. John Carroll y su equipo en *City Leadership* en Memphis han sido increíbles en guiar las mejoras a *Aclarando la Biblia* - en diseño, video, cuaderno, sitio web, plataformas sociales y más.

Finalmente, agradezco a mi maravillosa esposa, Tara, quién hace mi vida más dulce. Más allá del amor y apoyo diario que provee tan fielmente, ha escuchado mi presentación de *Aclarando la Biblia* más que cualquier otro y siempre me recibe con una enorme sonrisa, un abrazo firme y una palabra de apoyo. Ella es un regalo de Dios, junto con nuestras tres hijas, Macy, Molly y Maddy, y mi vida no sería la misma sin ellas.

Que Dios use *Aclarando la Biblia* para motivarle a que las Escrituras llenen su mente, gobiernen su corazón y guíen sus pies.

Mitch Maher
2023
mitch@clarifyingthebible.com

Cómo usar este cuaderno

Este cuaderno está diseñado para complementar y mejorar su experiencia de *Aclarando la Biblia*. En la Sección I encontrará ayudas visuales que acompañan la presentación así como espacios adicionales para tomar notas. La Sección II profundiza más en cada una de las veinte frases claves de Mitch, ofreciéndole más información acerca de cada una. La Sección II debe ser leída, repasada y estudiada como un libro. La Sección I es mejor experimentada en conjunto con el video o presentación de audio.

Viva la experiencia
Use la Sección I la primera vez que se sienta a ver *Aclarando la Biblia*. Puede verlo todo completo o sección por sección a su propio paso.

Interactúe
Al ver o escuchar la presentación, tome notas en la Sección I. Apunte sus observaciones o preguntas.

Estudie

Use la Sección II para estudiar más a fondo. Esta sección está repleta de información y observaciones relacionadas con cada parte de la presentación. Debe ser leída, repasada y consultada cuando desea más información acerca de los conceptos clave.

Comparta

¡Enséñele a otro lo que *Aclarando la Biblia* le ha enseñado a usted! Si está enseñando este material a un grupo más amplio (como en la iglesia o un estudio bíblico), hay transparencias gratuitas de PowerPoint disponibles para acompañar su presentación.

Los enlaces digitales de *Aclarando la Biblia* están disponibles en www.clarifyingthebible.com/espanol

Sección I: Notas del video

1-4:
Un panorama amplio de la Biblia entera

Aclarando La Biblia

1

La Biblia es la...

...Palabra De Dios

1

Un panorama amplio de la Biblia entera

2

La Biblia es _____ libro

SANTA BIBLIA

compuesto por _____

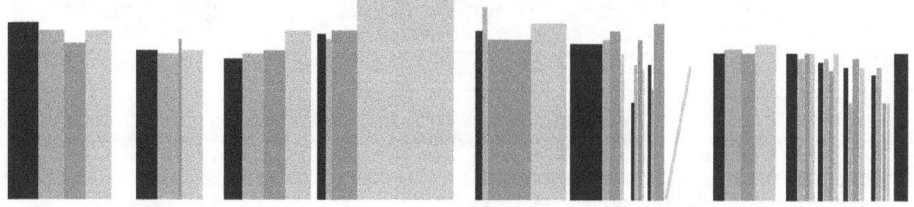

libros individuales.

2

Un panorama amplio de la Biblia entera

3

Los ___ libros de la Biblia están divididos en _____ testamentos.

&

El Antiguo Testamento tiene _____ libros

El Nuevo Testamento tiene _____ libros

Un panorama amplio de la Biblia entera

3

LA BIBLIA

ANTIGUO TESTAMENTO

Génesis	Job
Éxodo	Salmos
Levítico	Proverbios
Números	Eclesiastés
Deuteronomio	Cantar de los Cantares
Josué	
Jueces	Isaías
Rut	Jeremías
1 Samuel	Lamentaciones
2 Samuel	Ezequiel
1 Reyes	Daniel
2 Reyes	Oseas
1 Crónicas	Joel
2 Crónicas	Amós
Esdras	Abdías
Nehemías	Jonás
Ester	Miqueas
	Nahúm
	Habacuc
	Sofonías
	Hageo
	Zacarías
	Malaquías

NUEVO TESTAMENTO

Mateo	Hebreos
Marcos	Santiago
Lucas	1 Pedro
Juan	2 Pedro
Hechos	1 Juan
	2 Juan
Romanos	3 Juan
1 Corintios	Judas
2 Corintios	Apocalipsis
Gálatas	
Efesios	
Filipenses	
Colosenses	
1 Tesalonicenses	
2 Tesalonicenses	
1 Timoteo	
2 Timoteo	
Tito	
Filemón	

4

ANTIGUO

(Génesis - Malaquías)

El panorama amplio de la Biblia se puede entender a manera de cinco divisiones Cristo-céntricas.

NUEVO

(Mateo a Juan)

(Hechos)

(Romanos a Judas)

(Apocalipsis)

4

Un panorama amplio de la Biblia entera

5-12:
Un panorama amplio del Antiguo Testamento

5

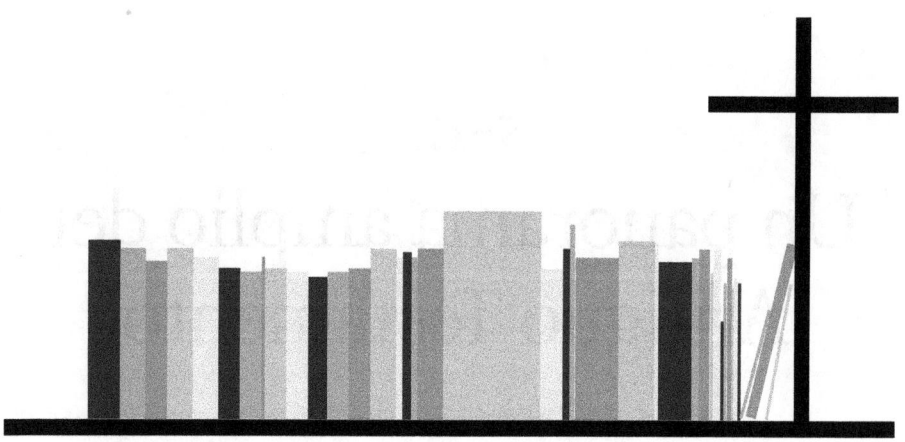

El Antiguo Testamento está compuesto por ____ libros escritos _____ del nacimiento de Jesucristo.

5

Un panorama amplio del Antiguo Testamento

6

Los 39 libros del Antiguo Testamento están divididos en

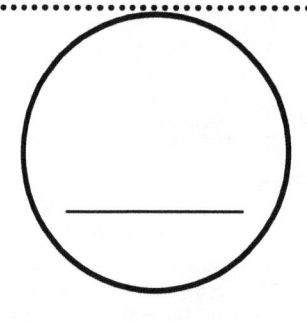

Libros históricos

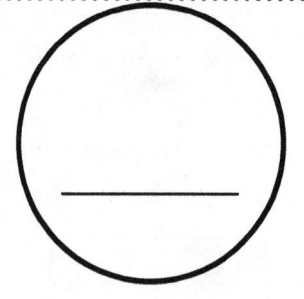

Libros poéticos

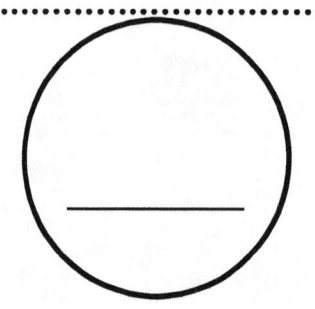

Libros proféticos

Un panorama amplio del Antiguo Testamento

6

LOS LIBROS DEL ANTIGUO TESTAMENTO		
LIBROS HISTÓRICOS	LIBROS POÉTICOS	LIBROS PROFÉTICOS
Génesis Éxodo Levítico Números Deuteronomio Josué Jueces Rut 1 Samuel 2 Samuel 1 Reyes 2 Reyes 1 Crónicas 2 Crónicas Esdras Nehemías Ester	Job Salmos Proverbios Eclesiastés Cantar de los Cantares	Isaías Jeremías Lamentaciones Ezequiel Daniel Oseas Joel Amós Abdías Jonás Miqueas Nahúm Habacuc Sofonías Hageo Zacarías Malaquías

....
....
....
....
....
....
....
....
....
....

7

Libros históricos

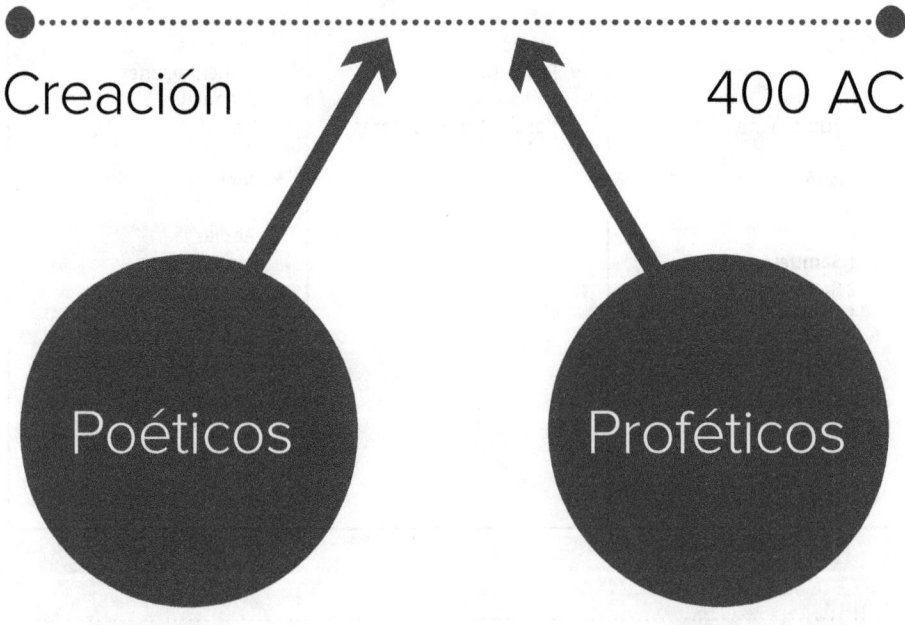

La clave para entender el Antiguo Testamento es comprender que los libros históricos abarcan la _____ del Antiguo Testamento desde la creación hasta aproximadamente 400 a.C., mientras que los libros poéticos y proféticos restantes _____ en los lugares apropiados dentro de esa historia.

Un panorama amplio del Antiguo Testamento

7

8

La historia principal del Antiguo Testamento se puede entender por medio de las nueve eras de la historia del Antiguo Testamento sugeridas por Max Anders: [2]

8

Un panorama amplio del Antiguo Testamento

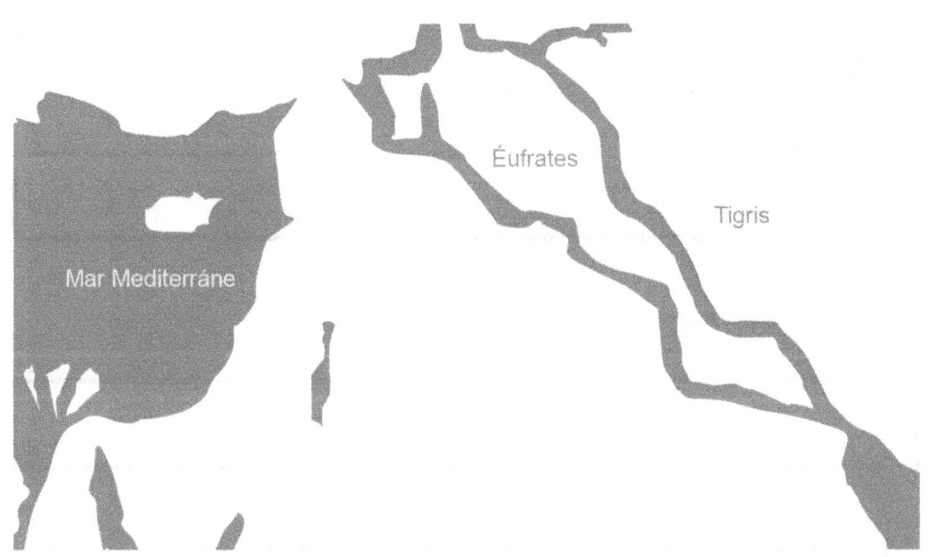

9 Acerca de los libros poéticos:

Job es acerca del

☐

Salmos es acerca de la

☐

Proverbios es acerca de la

☐

Eclesiastés es acerca del

☐

Cantar de los Cantares es acerca del

☐

9

Un panorama amplio del Antiguo Testamento

10

Mayores

Menores

Acerca de los libros proféticos, lo primero que debe saber es que las descripciones de mayores y menores se refieren a la _____ y no la _____. (No se confunda.)

10

Un panorama amplio del Antiguo Testamento

11

Lo segundo que debe saber acerca de los libros proféticos es que hay tres categorías principales,

aunque tres de los libros proféticos no encajan en estas categorías.

Un panorama amplio del Antiguo Testamento

11

12

ANTIGUO
TESTAMENTO

NUEVO
TESTAMENTO

Al periodo entre el final del Antiguo Testamento (aproximadamente 400 a.C.) y el inicio del Nuevo Testamento (el ministerio de Juan el Bautista alrededor de 30 d.C.) se le conoce como los _____ ___ _____ porque no hubo palabra profética de parte de Dios durante este tiempo, aunque Dios estaba obrando tras bambalinas preparando el camino para Su Hijo.

12

Un panorama amplio del Antiguo Testamento

12

13-20:
Un panorama amplio del Nuevo Testamento

13

El Nuevo Testamento está compuesto por _____ libros escritos por los primeros seguidores de Jesucristo.

13

14

Los 27 libros del Nuevo Testamento están divididos en

Libros históricos

Epístolas

Libro profético

14

15

LOS EVANGELIOS
JESÚS

Los Evangelios presentan la vida y el ministerio de Jesucristo desde la perspectiva distintiva de cuatro diferentes _____ escribiendo a cuatro diferentes _____ con cuatro diferentes _____ en mente, y juntos iluminan la majestad de nuestro Salvador.

15

16

El libro de los Hechos graba el esparcimiento de la iglesia desde su nacimiento (1:1 - 2:43), su expansión en _____ (3:1 - 6:7), hasta su extensión a _____ (6:8 - 9:31), _____ (9:32 - 12:24), _____ (12:25 - 16:5), la zona del _____ (16:6 - 19:20), y _____ (19:21- 28:31) - con cada movimiento siendo resumido en el reporte de progreso de Lucas.

Un panorama amplio del Nuevo Testamento

16

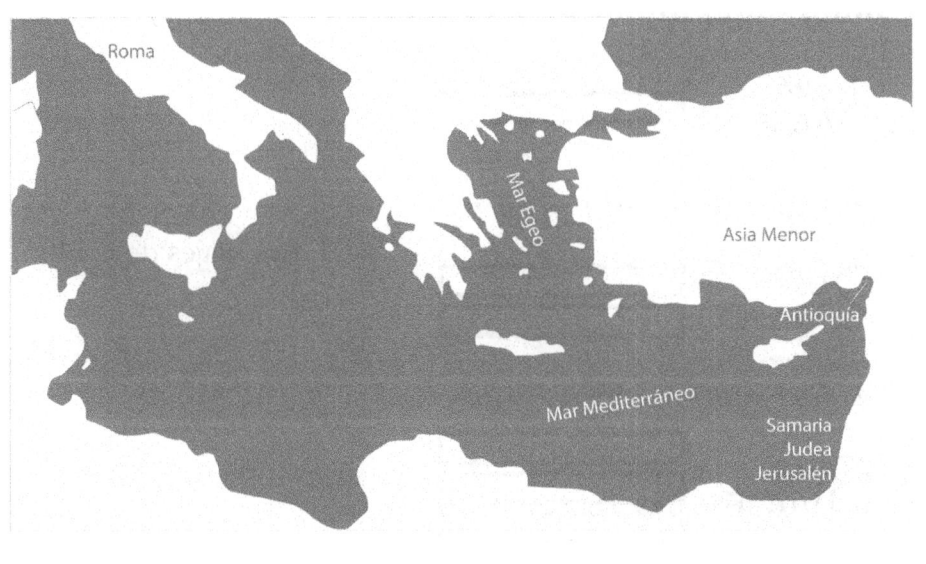

17

Las cartas paulinas se entienden mejor dentro de su contexto histórico.

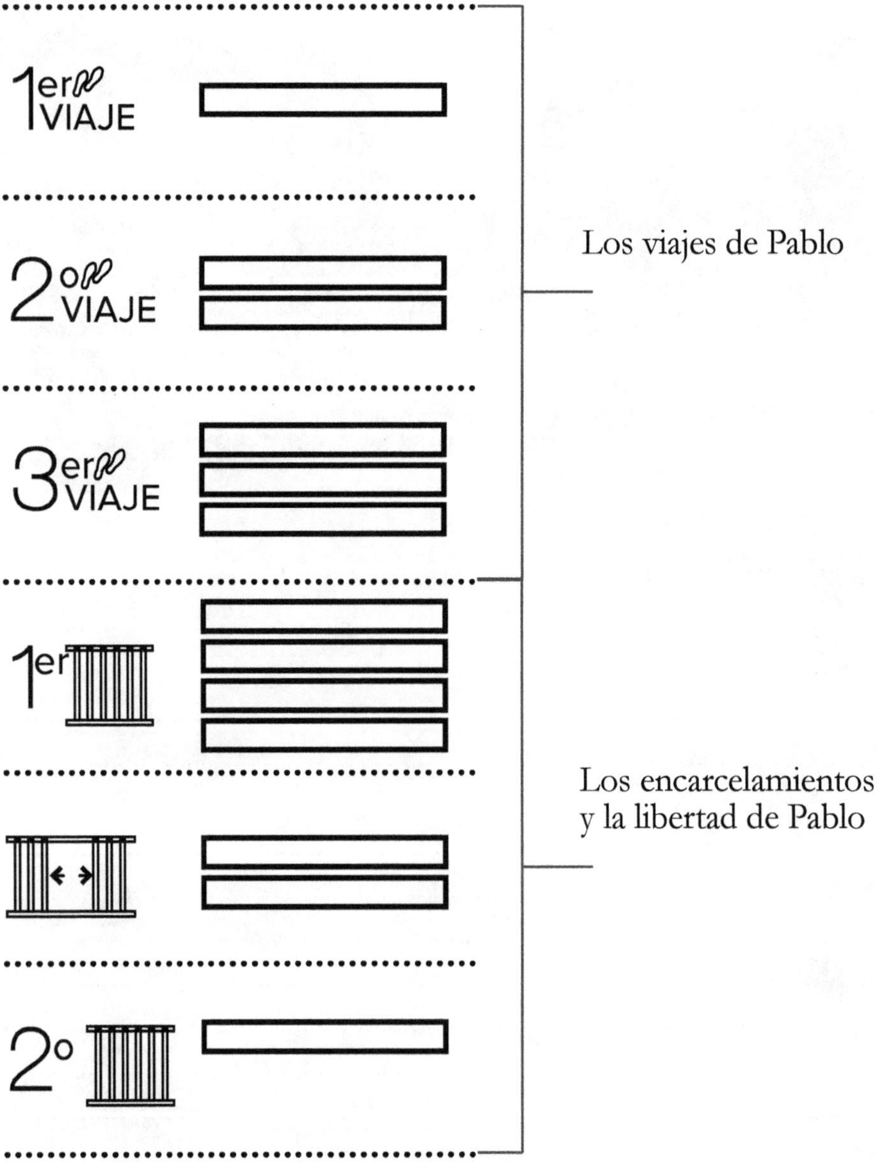

1er VIAJE

2o VIAJE

3er VIAJE

Los viajes de Pablo

1er 🏛

🏛↔🏛

2o 🏛

Los encarcelamientos y la libertad de Pablo

17

1er viaje misionero

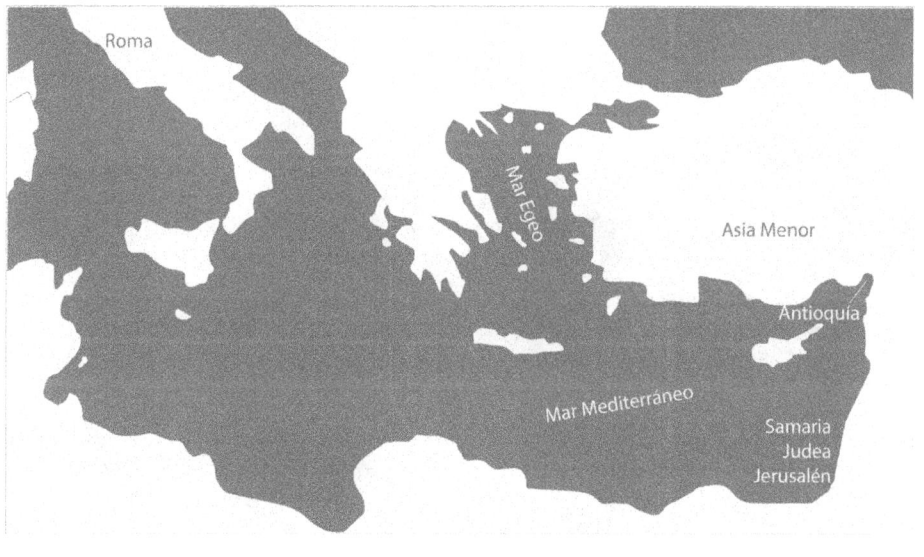

17

2º viaje misionero

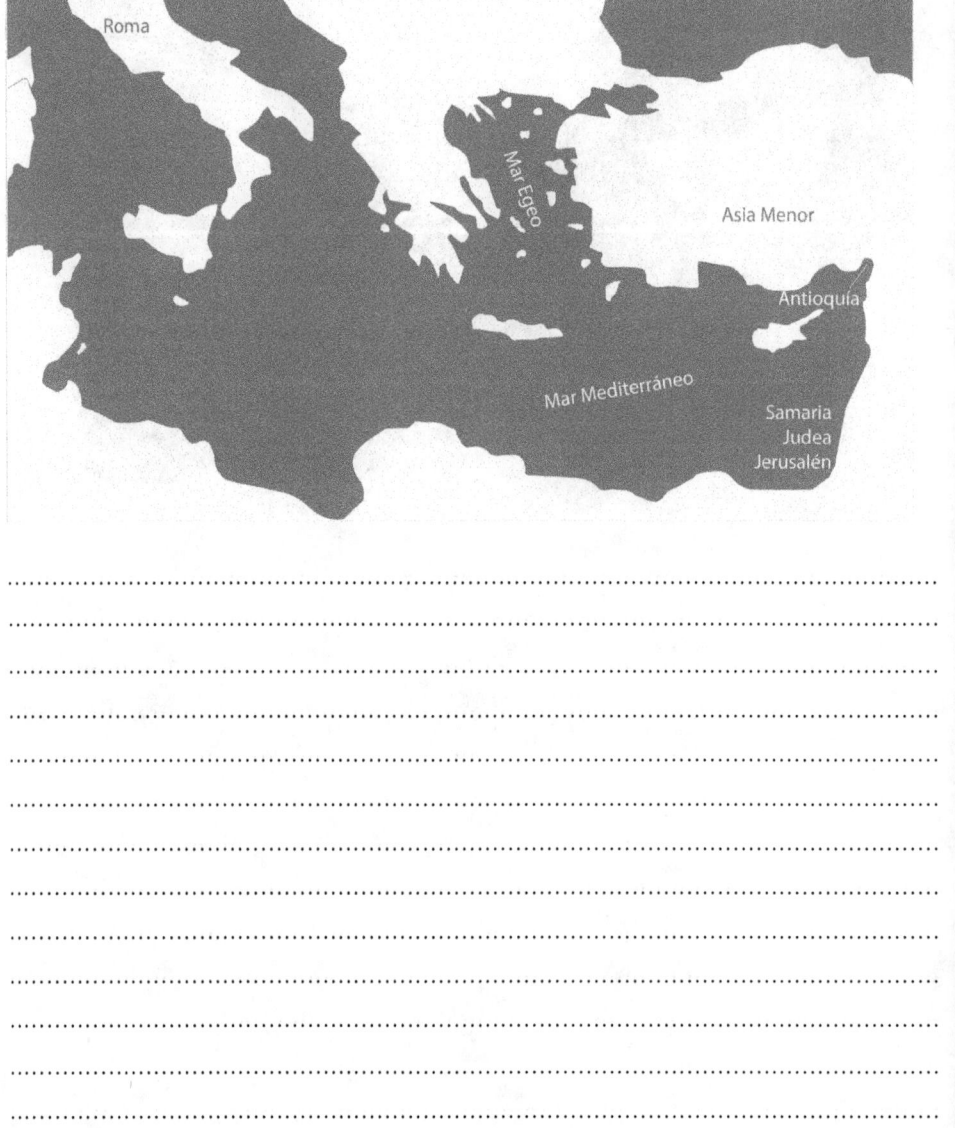

17

3ᵉʳ viaje misionero

17

1er encarcelamiento romano

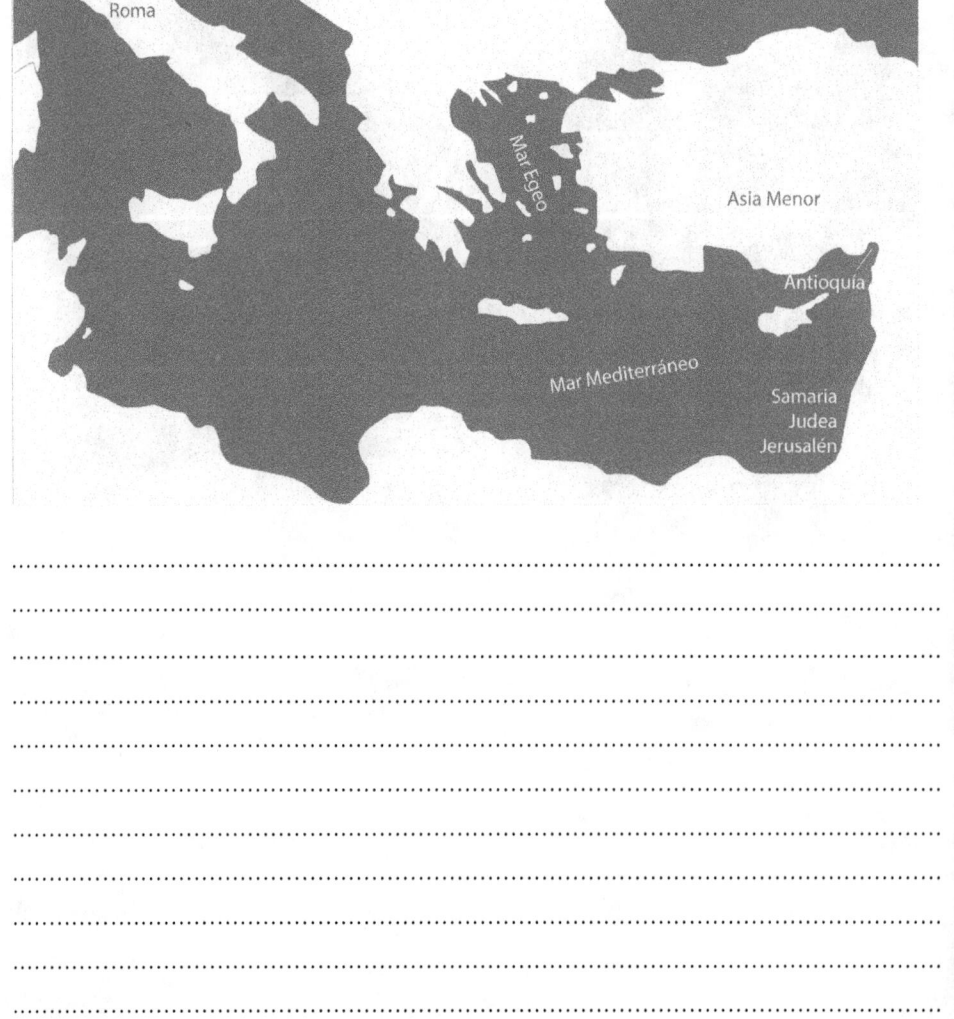

Un panorama amplio del Nuevo Testamento

17

2º encarcelamiento romano

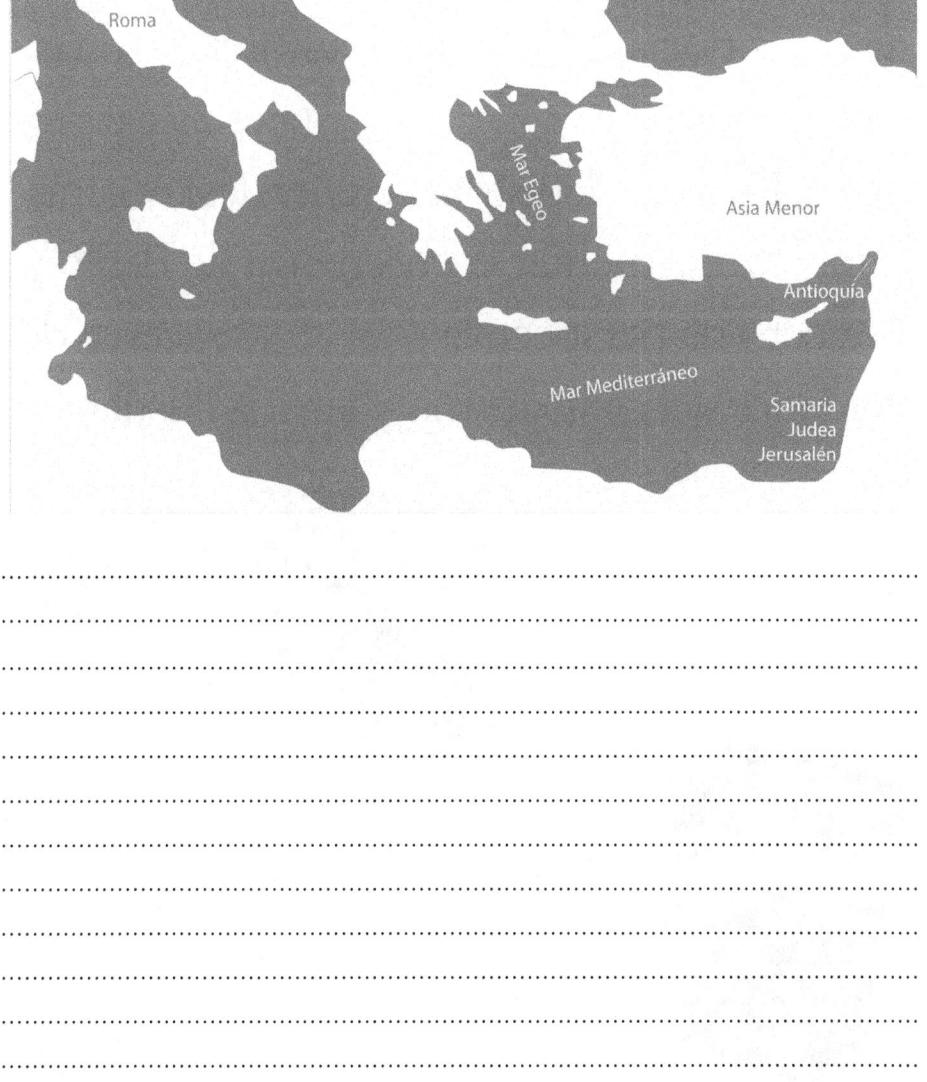

18

Las cartas generales (no-paulinas) fueron escritas por _____ autores, algunas a audiencias más _____ (a estas cartas se les llama las Epístolas Generales), y otras para complementar la enseñanza de Pablo y ofrecer una perspectiva _____ acerca de verdades del cristianismo y la vida cristiana.[3]

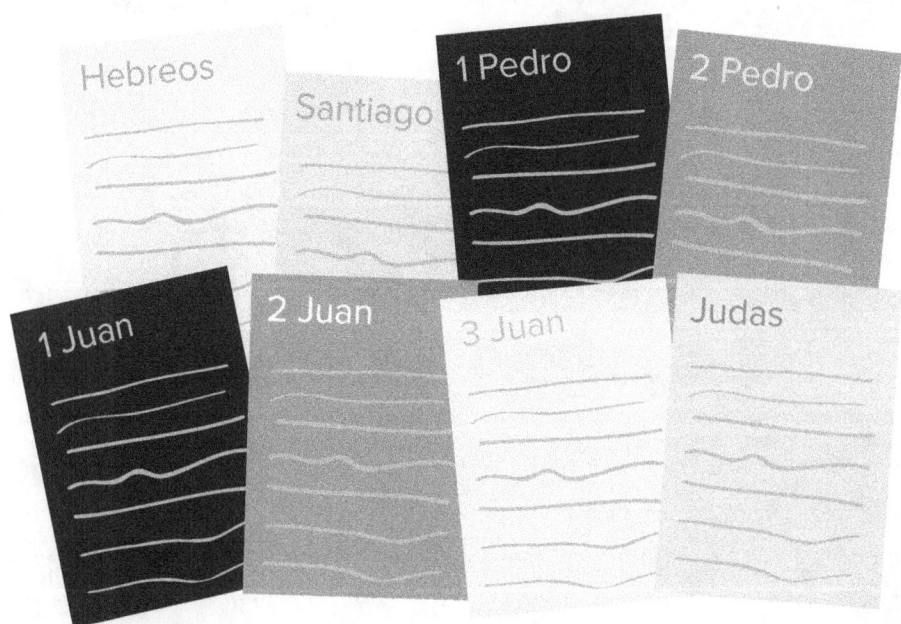

18

Un panorama amplio del Nuevo Testamento

19

APOCALIPSIS

Apocalipsis es el último libro de la Biblia y graba la _____ que vio Juan (1:12-16), las cartas de Jesús a las _____ existentes en el tiempo de Juan (Cap. 2-3), y las cosas que sucederán en el _____ (Cap. 4-22), resaltando la Segunda Venida de Jesucristo y la vida eterna tanto para creyentes como para inconversos.

Un panorama amplio del Nuevo Testamento

19

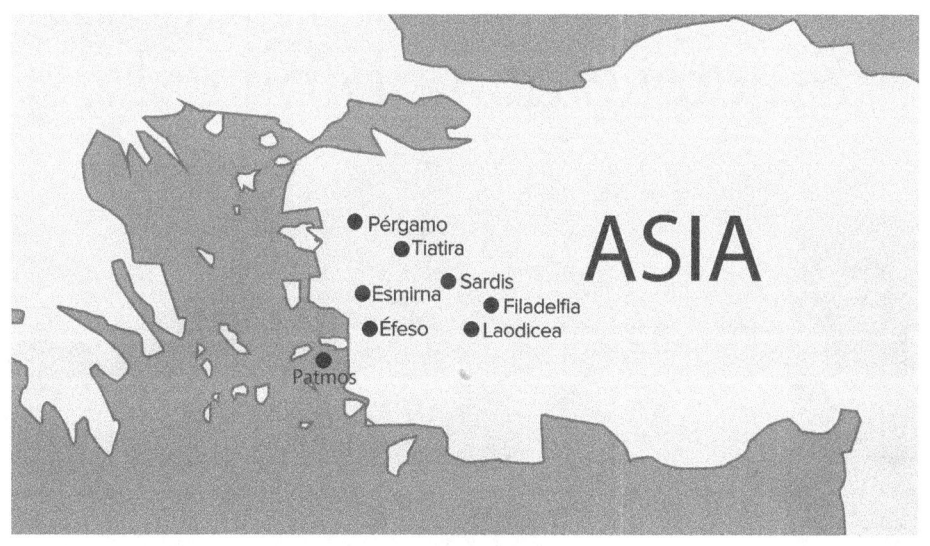

20

Sujétese de la Biblia al...

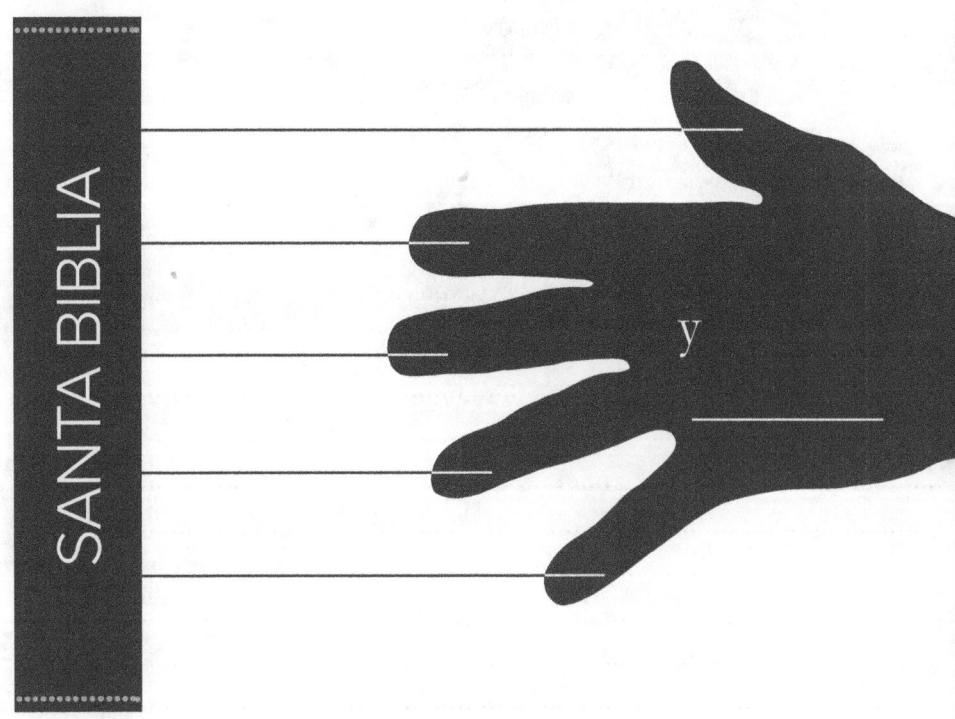

la Biblia para toda la vida.

20

Un panorama amplio del Nuevo Testamento

Sección II: Notas para estudio adicional

1-4: Un panorama amplio de la Biblia entera

1. La Biblia es la Palabra de Dios…<u>inspirada,</u> <u>inerrante y autorativa</u>.

INSPIRADA
«Inspiración es la actividad por la cual Dios de tal manera influye en los autores humanos que éstos compusieron y grabaron sin error el mensaje de Dios al hombre en las palabras del original».[4]

2 Timoteo 3:16–17
«Toda Escritura es inspirada por Dios y útil para enseñar, para reprender, para corregir, para instruir en justicia, a fin de que el hombre de Dios sea perfecto, equipado para toda buena obra».

2 Pedro 1:20–21
«Pero ante todo sabed esto, que ninguna profecía de la Escritura es asunto de interpretación personal, pues ninguna profecía fue dada jamás por un acto de voluntad humana, sino que hombres inspirados por el Espíritu Santo hablaron de parte de Dios».

INERRANTE
«La inerrancia significa que cuando se conocen todos los detalles, las Escrituras en sus manuscritos originales y siendo interpretadas correctamente demuestran que son enteramente verdaderas en todo lo que afirman, ya sea en aspectos de doctrina, moralidad o ciencias sociales, naturales o biológicas».[5]

Salmo 12:6
«Las palabras del SEÑOR son palabras puras, plata probada en un crisol en la tierra, siete veces refinada».

AUTORITATIVA
«La autoridad de las Escrituras quiere decir que todas las palabras de la Biblia son palabras de Dios de tal manera que no creer o desobedecer alguna palabra de las Escrituras es no creer o desobedecer a Dios».[6]

2. La Biblia es <u>1</u> libro compuesto por <u>66</u> libros individuales.

La Biblia es un libro. Su título, la Biblia, literalmente significa «el libro». Sin embargo, está compuesto por sesenta y seis libros individuales.

Al considerar cuidadosamente la producción de la Biblia, tomando nota de su increíble unidad a pesar de su increíble diversidad, se hace evidente que detrás de los múltiples autores de estos libros individuales realmente hay un solo Autor de un libro.

Considera la diversidad de la Biblia:

> La Biblia fue escrita en un periodo de mil quinientos años.
> Moisés escribió Génesis a Deuteronomio alrededor de 1400 a.C.. El Apóstol Juan escribió Apocalipsis alrededor del año 90 d.C..

> La Biblia fue escrita por más de cuarenta autores de diferentes trasfondos.
> Moisés fue un líder político, David fue un pastor de ovejas, Salomón fue un rey, Amós recolectaba higos, Mateo un cobrador de impuestos, Lucas un médico, Pablo un rabino y Pedro un pescador.

> La Biblia fue escrita en tres idiomas diferentes.
> La mayoría del Antiguo Testamento fue escrito en hebreo, aunque algunas porciones están escritas en arameo. El Nuevo Testamento está escrito en griego.

> La Biblia fue escrita en tres continentes diferentes.
> Diferentes libros de la Biblia fueron escritas en África, Asia y Europa.

> La Biblia fue escrita en diferentes estados emocionales.
> David escribió la mayoría de los Salmos desde la profundidad de la angustia mientras escapaba en peligro de vida, mientras que Salomón seguramente escribió la mayoría de sus obras desde la comodidad de su palacio real.

> La Biblia fue escrita en lugares diferentes.
> Moisés escribió en el desierto, David a veces escribía desde una cueva, Pablo a veces escribió desde la cárcel, Lucas quizá en un barco, y Juan desde la isla de Patmos.[7]

Pero en medio de toda esta diversidad, desde Génesis hasta Apocalipsis, la Biblia demuestra una unidad extraordinaria. Esto nos lleva a la conclusión de que detrás de los múltiples autores humanos y múltiples libros de las Escrituras, ¡la Biblia es un Libro con un Autor!

3. Los 66 libros de la Biblia están divididos en 2 testamentos - el Antiguo Testamento tiene 39 libros y el Nuevo Testamento tiene 27 libros.

LA BIBLIA			
ANTIGUO TESTAMENTO		NUEVO TESTAMENTO	
Génesis	Job	Mateo	Hebreos
Éxodo	Salmos	Marcos	Santiago
Levítico	Proverbios	Lucas	1 Pedro
Números	Eclesiastés	Juan	2 Pedro
Deuteronomio	Cantar de los Cantares	Hechos	1 Juan
Josué			2 Juan
Jueces	Isaías	Romanos	3 Juan
Rut	Jeremías	1 Corintios	Judas
1 Samuel	Lamentaciones	2 Corintios	Apocalipsis
2 Samuel	Ezequiel	Gálatas	
1 Reyes	Daniel	Efesios	
2 Reyes	Oseas	Filipenses	
1 Crónicas	Joel	Colosenses	
2 Crónicas	Amós	Tesalonicenses	
Esdras	Abdías	2 Tesalonicenses	
Nehemías	Jonás	1 Timoteo	
Ester	Miqueas	2 Timoteo	
	Nahúm	Tito	
	Habacuc	Filemón	
	Sofonías		
	Hageo		
	Zacarías		
	Malaquías		

4. El panorama amplio de la Biblia se puede entender a manera de cinco divisiones Cristo-céntricas: anticipación (Génesis - Malaquías), manifestación (Mateo - Juan), proclamación (Hechos), explicación (Romanos - Judas), consumación (Apocalipsis).

Toda la Biblia - incluyendo los libros escritos antes de Su nacimiento - ¡son acerca de Jesús!

ANTICIPACIÓN (Génesis a Malaquías): Todo el Antiguo Testamento es la anticipación de la venida de Jesucristo. Se ha dicho: «Si se sentara y leyera a través de todo el Antiguo Testamento, habría un tema recurrente que aparecería - 'Alguien viene… Alguien viene… Alguien viene». El Antiguo Testamento contiene profecías que sólo Jesús puede cumplir y problemas que sólo Él puede resolver. Habla de personas que prefiguran Su venida y cuadros que pronostican Su obra. ¡El Antiguo Testamento anticipa a Jesús!

MANIFESTACIÓN (Mateo a Juan): Aquel que fue *anticipado* a lo largo de todo el Antiguo Testamento fue manifestado en los Evangelios. «Alguien viene… Alguien viene… Alguien viene… ¡Ya llegó!» Al leer los Evangelios, muy pronto nos damos cuenta que éstos graban el nacimiento, la vida, las enseñanzas, los milagros, la muerte, la sepultura y la resurrección de Cristo Jesús. ¡Los Evangelios manifiestan a Jesús!

PROCLAMACIÓN (Hechos): Aquel que fue *anticipado* a lo largo del Antiguo Testamento y *manifestado* en los Evangelios, es proclamado en el libro de los Hechos. Este libro traza el crecimiento de la iglesia primitiva y la proclamación del evangelio de Jesucristo desde la ciudad de Jerusalén en Hechos 1:1 - 6:7, a las regiones aledañas de Judea y Samaria en Hechos 6:8 - 9:31, hasta Antioquía en Hechos 9:32 - 12:24, a Asia menor en Hechos 12:25 - 16:5, a la zona del Mar Egeo en Hechos 16:6 - 19:20, y finalmente a Roma en Hechos 19:21 - 28:31. ¡En el libro de los Hechos la iglesia primitiva proclama a Jesús!

EXPLICACIÓN (Romanos a Judas): Aquel que fue *anticipado* a lo largo del Antiguo Testamento, *manifestado* en los Evangelios, y *proclamado* en el libro de los Hechos, es explicado en las epístolas de Romanos a Judas. Estos libros (la palabra elegante es epístolas, pero propiamente se entiende como cartas) fueron escritos tanto a iglesias como a personas individuales, respondiendo a diferentes necesidades, problemas y preguntas. Pero desde una perspectiva más amplia, éstos explican quién es Jesucristo, qué logró (especialmente en la cruz), y cómo deben vivir sus seguidores a la luz de estas verdades. ¡Las epístolas explican la persona y obra de Jesús!

CONSUMACIÓN (Apocalipsis): Finalmente, Aquel que fue *anticipado* a lo largo del Antiguo Testamento, *manifestado* en los Evangelios, *proclamado* en el libro de los Hechos, y *explicado* en las epístolas, es Aquel en quien todos los propósitos de Dios a través de la historia encontrarán su consumación. Consumar significa «terminar». Lo que Dios empezó en Génesis terminará en el libro de Apocalipsis. Como está escrito: «El reino del mundo ha venido a ser el reino de nuestro Señor y de su Cristo y Él reinará por los siglos de los siglos». (Apocalipsis 11:15). El Señor Jesucristo regresará, juzgará a los inicuos y a los justos bendecirá eternamente. ¡En el libro de Apocalipsis toda la historia de Jesús es consumada!

5-12: Un panorama amplio del Antiguo Testamento

5. El Antiguo Testamento está compuesto por 39 libros escritos antes del nacimiento de Jesucristo.

La Biblia está dividida en dos partes: el Antiguo Testamento de treinta y nueve libros y el Nuevo Testamento de veintisiete libros. Lo importante es saber que los treinta y nueve libros del Antiguo Testamento fueron escritos antes del nacimiento de Jesucristo.

Recuerda, el Antiguo Testamento *anticipa* la venida de Jesucristo, así que es obvio que éstos fueron escritos antes de que naciera.

6. Los 39 libros del Antiguo Testamento están divididos en 17 libros históricos, 5 libros poéticos, y 17 libros proféticos.

LOS LIBROS DEL NUEVO TESTAMENTO		
LIBROS HISTÓRICOS	**EPÍSTOLAS (CARTAS)**	**LIBRO PROFÉTICO**
Mateo Marcos Lucas Juan Hechos	Romanos 1 Corintios 2 Corintios Gálatas Efesios Filipenses Colosenses 1 Tesalonicenses 2 Tesalonicenses 1 Timoteo 2 Timoteo Tito Filemón Hebreos Santiago 1 Pedro 2 Pedro 1 Juan 2 Juan 3 Juan Judas	Apocalipsis

En el Antiguo Testamento hay tres diferentes tipos de libros - libros de historia, poesía y profecía. Los primero diecisiete son los libros de historia, los siguientes cinco son los libros de poesía, y los últimos diecisiete son los libros de profecía.

Los diecisiete libros históricos y los diecisiete libros proféticos se dividen a su vez en dos grupos. Esto es porque los primero cinco libros de la Biblia (Génesis a Deuteronomio) fueron escritos por Moisés y a menudo se catalogan como el Pentateuco, la Ley, la Torá o la Ley de Moisés. Por esta razón, a veces se ponen aparte de los otros doce libros históricos (Josué a Ester).

y Los diecisiete libros proféticos a menudo se dividen en dos grupos, los profetas mayores (Isaías - Daniel) y los profetas menores (Oseas a Malaquías).

Así que, la mejor manera de pensar en el Antiguo Testamento es diecisiete, cinco, diecisiete - diecisiete libros históricos, cinco libros poéticos, y diecisiete libros proféticos. Pero también es correcto pensar en cinco, doce, cinco, cinco, doce - cinco libros de la Ley, doce libros históricos, cinco libros poéticos, cinco profetas mayores y doce profetas menores.

7. La clave para entender el Antiguo Testamento es comprender que los libros históricos abarcan la <u>historia principal</u> del Antiguo Testamento desde la creación hasta aproximadamente 400 a.C. Mientras que los libros poéticos y proféticos restantes <u>encajan</u> en los lugares apropiados dentro de esa historia.

Sería fácil ver los treinta y nueve libros del Antiguo Testamento y pensar que estos libros recuentan la historia de Israel, libro tras libro, empezando en Génesis y terminando en Malaquías. Pero ésta no es la realidad.

LOS LIBROS HISTÓRICOS
Los libros de Génesis a Ester cubren la historia principal del Antiguo Testamento - desde la creación del universo en Génesis hasta Nehemías, aproximadamente cuatrocientos años antes del nacimiento de Jesucristo. (Técnicamente, la cronología de Ester encaja con la cronología de Esdras, ¡pero no se preocupen por eso por ahora!)

LOS LIBROS POÉTICOS
Los libros de Job a Cantar de los Cantares encajan en diferentes secciones de la historia. Por ejemplo, el libro de Job relata la historia de un hombre que vivió durante la época

de Abraham, Isaac o Jacob (Génesis). David escribió muchos de los Salmos. Leemos acerca de su vida en 1 y 2 de Samuel, así que los Salmos que él escribió encajan en este tiempo histórico. Salomón, por ejemplo, escribió muchos de los Proverbios, así como Eclesiastés y Cantar de los Cantares. Su vida está grabada en 1 Reyes 1-11, así que todos estos escritos encajan en este periodo histórico.

LOS LIBROS PROFÉTICOS

Los escritos de Isaías a Malaquías encajan en la historia tardía de Israel (1 y 2 Reyes, Esdras, Nehemías). En su mayoría son parte de los períodos preexílico, exílico y posexílico. Esto cobrará mayor sentido más adelante en la presentación.

Los 17 libros históricos abarcan la historia principal del Antiguo Testamento.																	
G	E	L	N	D	J	J	R	1S 2S	1R	2R	1C	2C	E	N	E	
J								Sal	Pr E CC	Los libros proféticos encajan aquí, generalmente en tres categorías: preexílicos, exílicos y posexílicos. ¡Pronto lo explicaremos!						
Los libros poéticos y proféticos encajan en los lugares apropiados dentro de la historia principal.																	

8. La historia principal del Antiguo Testamento se puede entender por medio de las nueve eras de la historia del antiguo Testamento sugeridas por Max Anders: creación, patriarcas, éxodo, conquista, jueces, reino, exilio, regreso y silencio.[8]

En su libro, *30 días para entender la Biblia*, Max Anders ayuda al lector a entender mejor el trazo histórico de la Biblia. Divide la historia del Antiguo Testamento en nueve «eras» para resumir la historia relatada de Génesis hasta Ester, los diecisiete libros históricos del Antiguo Testamento.

Éste es un resumen de los libros históricos escrito por Anders con los nombres de las diferentes «eras».

CREACIÓN
El Antiguo Testamento empieza cuando Dios creó a Adán y Eva en un perfecto paraíso. Después ellos pecaron y fueron expulsados del Huerto del Edén, forzados a vivir «por el sudor de su frente» en un mundo imperfecto. Conforme se multiplicó su descendencia, el pecado también se multiplicó. Eventualmente, la humanidad se tornó tan pecadora que Dios la juzgó y destruyó la tierra con un diluvio universal, preservando la vida de Noé y su familia cercana en el arca para poblar la tierra de nuevo.

PATRIARCAS
El pecado siguió afectando a la humanidad y una vez más la gente se olvidó de Dios. Conforme pasaron los años, Dios se reveló a Abraham (dos mil años antes de Cristo), prometiéndole una nación, muchos descendientes y una bendición que eventualmente se extendería a todas las personas de la tierra. Abraham le creyó a Dios y se convirtió en el padre del pueblo judío. Abraham tuvo un hijo, Isaac, e Isaac tuvo un hijo, Jacob. Las promesas de Dios hechas a Abraham fueron pasadas a través de Isaac a Jacob. Jacob tuvo doce hijos, y las promesas pasaron a sus doce hijos, quienes llegaron a ser los padres de las doce tribus de Israel.

ÉXODO
Jacob y su familia de alrededor de setenta personas estaban viviendo en la tierra de Canaán cuando llegó una hambruna. Fueron forzados a emigrar a Egipto en busca de comida. Con el paso del tiempo, llegaron a ser tan numerosos que los egipcios los percibieron como amenaza. Los egipcios esclavizaron al pueblo judío por casi cuatrocientos años. Finalmente (aproximadamente mil quinientos años antes de Cristo), Dios levantó a Moisés para sacarlos de Egipto con milagros asombrosos, incluyendo el cruce del Mar Rojo. Escaparon de Egipto y fueron al Monte Sinaí, donde recibieron los Diez Mandamientos. Después se rebelaron de nuevo contra Dios y, en juicio, vagaron por el desierto por cuarenta años.

CONQUISTA
Cuando terminó su tiempo de juicio, Dios permitió que el pueblo de Israel entrara a la Tierra Prometida. Moisés murió y Josué los guió en la conquista de la tierra.

JUECES
Israel vivió en la Tierra Prometida bajo un sistema gubernamental informal, siendo gobernados por jueces por los siguientes cuatrocientos años. Sansón y Samuel son de los jueces más famosos.

REINO

Después Israel insistió en establecer una monarquía (aproximadamente mil trescientos años antes de Cristo), y los hebreos fueron gobernados por reyes los siguientes cuatrocientos años. Saúl, David y Salomón fueron los primeros tres reyes, quienes gobernaron sobre un reino unido por ciento veinte años (cuarenta años cada uno). Cuando Salamón murió, la nación se dividió por asuntos de impuestos. Ahora había un reino del norte, que mantuvo el nombre de Israel, porque la mayoría (diez) de las tribus eran leales al norte, y un reino del sur que fue llamado Judá, porque Judá era por mucho la tribu más grande de las dos tribus del sur.

EXILIO

Debido a la acumulación del pecado de Israel, la nación de Asiria, al noreste de Israel, los conquistó y los dispersó por toda esa región del mundo. Más o menos ciento cincuenta años después, por la acumulación del pecado de Judá, Babilonia vino y conquistó a Judá, destruyó Jerusalén, y llevó a muchos del pueblo cautivos a Babilonia.

REGRESO

Aproximadamente setenta años más tarde, Persia conquistó a Babilonia, que anteriormente había derrotado a Asiria. De tal forma que Persia ahora reinaba sobre toda esa parte del mundo antiguo, desde la costas orientales del Mar Mediterráneo hasta las fronteras de la India. El rey de Persia permitió a los israelitas que vivían en cautiverio en Babilonia regresar a Jerusalén para reconstruirla. Cincuenta mil personas regresaron (aproximadamente quinientos años antes de Cristo) para reconstruir la ciudad y el templo STET y para restaurar la adoración ceremonial a Dios.

SILENCIO

Continuaron viviendo así por los siguientes cuatrocientos años. Durante ese tiempo, Persia cayó ante Grecia, y Grecia a su vez cayó ante Roma. Roma estaba gobernando sobre esa parte del mundo cuando nació Jesús.

Usando el resumen de Anders como base, a continuación encontrará mis propios resúmenes de cada uno de los 17 libros históricos.

GÉNESIS

El libro de Génesis graba los primeros eventos de la historia mundial y el inicio de la obra redentora de Dios a través de Abraham y su familia. Los primeros doce capítulos son un registro de la obra creadora de Dios, la caída del hombre en pecado, el juicio del diluvio y la rebeldía en la torre de Babel. Los capítulos restantes cuentan la historia de la interacción entre Dios y los patriarcas - Abraham, Isaac, Jacob y José. Al final de Génesis, la familia de Jacob, sus doce hijos y las familias de sus hijos han emigrado a Egipto.

ÉXODO

El libro de Éxodo graba la liberación del pueblo de Dios de su esclavitud en Egipto y su viaje al Monte Sinaí donde entraron en pacto con Dios. La primera parte de Éxodo registra el crecimiento increíble de la familia en Egipto, su sufrimiento bajo el nuevo faraón de Egipto, su clamor a Dios por ayuda, y su liberación bajo el liderazgo de Moisés. Moisés liberó al pueblo por medio de diez plagas, culminando en la Pascua. El libro graba el cruce del Mar Rojo y el viaje de los israelitas al Monte Sinaí donde Dios estableció el Pacto Mosaico con Su pueblo. En Sinaí, Dios reveló sus Diez Mandamientos y las instrucciones para la construcción del tabernáculo. El libro cierra con el tabernáculo siendo terminado y llenado con la gloria de Dios.

LEVÍTICO

Levítico graba otras instrucciones que Dios dio a su pueblo que fueron reveladas en el Monte Sinaí. Estas instrucciones son acerca de cómo Su pueblo debe acercarse a Él y obedecerle. Habla acerca de cuestiones relacionadas con los sacrificios, el sacerdocio, lo limpio e impuro, el día de expiación, las leyes sociales, civiles y ceremoniales, el corazón de la Ley de Moisés (las bendiciones y maldiciones), y los votos.

NÚMEROS

Números graba la salida del pueblo del Monte Sinaí, su peregrinaje en el desierto y su llegada a las llanuras de Moab al lado oriente del Río Jordán. Después de enumerar a los hombres de guerra y organizarse alrededor del tabernáculo, las doce tribus de Israel salieron de Sinaí hacia la Tierra Prometida. En Cades, una ciudad al sur de la tierra, enviaron doce espías para asesorar la tierra. Los espías regresaron; diez dieron un reporte lleno de temor y el pueblo creyó a los espías temerosos. Por esto, Dios juzgó al pueblo, la nación vagó por cuarenta años en el desierto, y cada persona arriba de veinte años de edad murió, excepto Caleb y Josué. Después de la muerte de la vieja generación, una nueva generación surgió y llegaron al lado oriente del Río Jordán, listos para entrar a la Tierra Prometida.

DEUTERONOMIO
Deuteronomio graba las últimas palabras de Moisés a la nueva generación de israelitas. Habiendo cometido un pecado que le impidió entrar a la Tierra Prometida (Números 20), Moisés se dirigió a esta nueva generación que estaba a punto de poseer la tierra. Les recordó del pasado, advirtiéndoles de la desobediencia. Les animó en el presente, llamándoles a la obediencia. Y vio hacia el futuro, prediciendo la futura dispersión de Israel entre las naciones pero su eventual regreso. Moisés murió en el Monte Nebo.

JOSUÉ
El libro de Josué recuenta la conquista exitosa de la Tierra Prometida por el pueblo de Israel. Josué tomó el lugar de Moisés como el líder del pueblo. Cruzaron el Río Jordán, tumbaron Jericó y vencieron a los enemigos cananeos en el centro, sur y norte de la tierra. Después de terminar la conquista inicial, la nación dividió la tierra entre las doce tribus, designando ciudades de refugio y apartando cuarenta y ocho ciudades para los levitas. Finalmente, antes de su muerte, Josué se dirigió al pueblo y los exhortó a temer y servir al Señor.

JUECES
El libro de Jueces graba los más de trescientos años de desobediencia a Dios y el sufrimiento que esto causó. Puesto que desobedecieron el mandato de Dios de destruir completamente a los cananeos, evitar matrimonios mixtos y rechazar la idolatría (Deuteronomio 7: 1-5), la nación fue sumergida en múltiples ciclos de pecado, servidumbre, súplica y salvación. En este ciclo Israel pecaba contra Dios. El Señor levantaba una nación extranjera bajo la cual Israel terminaba sirviendo y sufriendo por años. La nación oraba a Dios pidiendo liberación. (Súplica es una palabra elegante para oración.) El Señor levantaba un juez para salvar a Su pueblo y traer paz. Después de que ese juez moría, el ciclo iniciaba de nuevo - vez tras vez. Este libro termina con una mirada intensa a la idolatría e inmoralidad que marcó al pueblo de Dios durante esta etapa.

RUT
El libro de Rut narra la historia de una mujer moabita, Rut, que se casó con un hombre israelita, Booz, y llegó a ser una progenitora de David, eventualmente rey de la nación. Los eventos de este libro no añaden a la trama histórica del Antiguo Testamento, sino que se llevan a cabo durante el tiempo de los jueces. En contraste con la oscuridad de este periodo, Rut es una luz brillante - una mujer moabita que demostró la fe, el amor y la justicia que hacían tanta falta en Israel.

1 SAMUEL

El libro de 1 Samuel graba la transición de Israel de ser la federación de doce tribus con poca estructura, a ser un reino unido de Israel bajo su primer rey, Saúl. Después de siglos bajo los jueces, Israel pidió a gritos tener rey. Dios usó a Samuel, el último juez de Israel, para ungir al primer rey de Israel, Saúl, en 1051 a.C.. Aunque trajo estabilidad a la nación, Saúl sirvió sin pasión por Dios. Su desobediencia fue evidente y sus inseguridades se demostraron en sus intentos de asesinar al joven David, un siervo fiel en la corte del rey. La vida de Saúl terminó en vergüenza al caer sobre su propia espada en un acto de suicidio.

2 SAMUEL

Originalmente escrito como un solo libro junto con 1 Samuel, 2 Samuel graba el surgimiento de David al trono de Israel, junto con las doloras consecuencias que sus pecados trajeron a su vida. Después de la muerte de Saúl, David llegó a ser rey en 1011 a.C.. Los primeros años de su reinado incluyeron grandes triunfos, puesto que estableció su reinado sobre todo Israel, fundó Jerusalén como la capital de la nación, regresó el Arca del Pacto a Jerusalén, y ganó muchas victorias sobre los enemigos de Israel. Pero su reinado tomó un giro problemático por medio de su propio adulterio y asesinato, la violación de su hijo Amnón a su media hermana, y el distanciamiento de su hijo Absalón al punto de intentar un golpe de estado contra su propio padre.

1 REYES

El libro de 1 Reyes graba el reinado de Salomón sobre Israel antes de registrar la división del reino. Después de la muerte de David, Salomón llegó a ser rey en 971 a.C.. Su reinado se distinguió por extraordinario éxito por su sabiduría, riqueza y el logro de construir y dedicar el templo en Jerusalén. Pero los múltiples matrimonios de Salomón con mujeres extranjeras alejaron su corazón del Señor. Un reinado que pareció ser tan fuerte terminó debilitado. Al morir Salomón, el reino de Israel se dividió en el reino del norte llamado Israel (diez tribus) y el reino del sur llamado Judá (dos tribus) en 931 a.C.. Las historias de los dos reinos inician aquí y continúan en el libro de 2 Reyes.

2 REYES

El libro de 2 Reyes inicia donde 1 Reyes terminó (originalmente estos dos eran un solo libro), y recuenta la historia de los dos reinos - Israel, el reino del norte, y Judá, el reino del sur. La rebeldía de Israel, el reino del norte, en contra de Dios eventualmente trajo juicio cuando los asirios los derrotaron y los deportaron de su tierra. Este evento está grabado en 2 Reyes 17 y se llevó a cabo en 722 a.C. El reino del sur sobrevivió más tiempo, puesto que tuvo como representantes a algunos reyes piadosos, pero eventualmente su pecado los llevó a su caída. Los babilonios atacaron a Judá en 605 a.C. y 597 a.C. y finalmente destruyeron el templo de Jerusalén en 586 a.C., deportando a parte del pueblo de Judá a Babilonia en cada una de las tres ocasiones. Estos eventos están grabados en 2 Reyes 25.

1 Y 2 CRÓNICAS

Originalmente escrito como un solo libro, 1 y 2 Crónicas no agregan más a la historia del Antiguo Testamento, sino que cubren gran parte de la misma historia escrita en 2 Samuel, 1 Reyes y 2 Reyes. Estos libros fueron escritos después del regreso del reino del sur del exilio en Babilonia (véase Esdras y Nehemías) cuando el pueblo estaba en gran desánimo. No había rey; el templo reconstruido no llegaba a la gloria del templo de Salomón anterior, y estaban oprimidos por Persia. Estos libros buscaban animar a Judá al señalar las historias del pasado y la fidelidad de Dios en traerlos de regreso a la tierra. (Recuerden, Crónicas fue escrito después del regreso de Judá a su tierra.)

ESDRAS

El libro de Esdras graba el regreso de Judá a la Tierra, la reconstrucción del templo y el ministerio de Esdras. Dios había dado una promesa por medio de Jeremías que traería a Judá de regreso a la Tierra después de setenta años en cautiverio. El Rey Ciro de Persia, movido por Dios, permitió que los judíos regresaran a su Tierra. Bajo el liderazgo de Zorobabel, cincuenta mil judíos regresaron a la Tierra y pusieron el fundamento para el templo en 536 a.C. Dejaron de trabajar por dieciséis años, pero animados por Hageo y Zacarías, terminaron el templo en 516 a.C. En 456 a.C., Esdras trajo de regreso a la Tierra a otros dos mil. Por medio de la Palabra de Dios y la oración, Esdras guió al pueblo hacia el arrepentimiento ante Dios.

NEHEMÍAS

El libro de Nehemías graba el regreso de Nehemías y su esfuerzo exitoso de reconstruir los muros alrededor de Jerusalén. Nehemías sirvió como copero del Rey Artajerjes de Persia. Tras escuchar que los muros de Jerusalén estaban en ruinas, Nehemías oró para que Dios le diera la oportunidad de regresar y reconstruir los muros. Habiendo recibido permiso del rey, Nehemías regresó, motivó al pueblo, perseveró en medio de las pruebas, y guió al pueblo para terminar el proyecto de reconstrucción en cincuenta y dos días. Los últimos capítulos continúan relatando el ministerio espiritual tanto de Esdras como de Nehemías.

ESTER

El libro de Ester graba el cuidado providencial de Dios sobre su pueblo por medio de una joven mujer judía llamada Ester que llegó a ser la reina de Persia. Cronológicamente, el libro de Ester encaja entre Esdras 6 y Esdras 7, siendo que los eventos de este libro se llevaron a cabo entre 483-473 a.C. Aunque el nombre de Dios no se menciona, la mano de Dios es evidente a través de todo el libro. Cuando se hizo un decreto para destruir a todos los judíos en todo el reino persa, Dios providencialmente había puesto a una jovencita judía llamada Ester en un lugar idóneo para cambiar su futuro. En vez de ser destruidos, los judíos pudieron defenderse y sobrevivir. Los eventos de esta historia son el trasfondo de la fiesta de Purim, un festival que hasta el día de hoy se celebra entre los judíos.

9. Acerca de los libros poéticos: Job es acerca del sufrimiento, Salmos es acerca de la adoración, Proverbios es acerca de la sabiduría, Eclesiastés es acerca del significado, y Cantar de los cantares es acerca del romance matrimonial.

Recuerde que estos cinco libros no aumentan la historia principal del Antiguo Testamento, sino que encajan en diferentes lugares de acuerdo con el tiempo en el que vivió el autor, o en el caso de Job, cuando pudieron haber vivido.

Los 17 libros históricos abarcan la historia principal del Antiguo Testamento.															
G	E	L	N	D	J	J	R	1S 2S	1R	2R	1C	2C	E	N	E
J								Sal	Pr E CC	Los libros proféticos encajan aquí, generalmente en tres categorías: preexílicos, exílicos y posexílicos. ¡Pronto lo explicaremos!					
Los libros poéticos y proféticos encajan en los lugares apropiados dentro de la historia principal.															

JOB

El libro de Job graba el sufrimiento de un hombre llamado Job y cómo este sufrimiento moldeó su vida. Este hombre sufrió mucho - perdió riqueza, hijos y salud. Tras recibir el consejo de su esposa y tres amigos, Job finalmente escuchó a Dios. En vez de darle a Job las respuestas que buscaba, Dios lo acribilló con una serie de preguntas que terminaron estableciendo Su soberanía sobre toda vida. Job respondió bien y se sometió a este Dios sabio, poderoso y amoroso.

SALMOS

El libro de los Salmos es una colección de cantos poéticos escritas a lo largo de nueve siglos de la historia de Israel para adoración personal y congregacional. El libro está dividido en cinco secciones: Salmo 1-41, Salmo 24-72, Salmo 73-89, Salmo 90-106 y Salmo 107-150, cada sección terminando con una doxología. Estos Salmos exploran la profundidad de emociones humanas y reflejan una amplia gama de experiencias humanas en su caminar con Dios. Su intención es captar el corazón del lector y elevarlo a adorar y alabar al Señor.

PROVERBIOS

El libro de Proverbios es un colección de dichos para impartir sabiduría al lector. Están organizados en párrafos poéticos en los capítulos 1-9; refranes breves y concisos en los capítulos 10-20; y otra vez párrafos en los capítulos 30-31. Los Proverbios hacen mención de temas relacionados con la amistad, el trabajo, las finanzas, la sexualidad, la familia, el ocio, el enojo, las palabras que decimos y mucho más. De manera clara establecen las consecuencias del comportamiento necio y sabio.

ECLESIASTÉS

El libro de Eclesiastés es el resumen de Salomón respecto a la búsqueda del hombre por significado en la vida. El recuento de su búsqueda personal se resume en que los anhelos más profundos del alma no pueden ser satisfechos viviendo la vida sin Dios - aprender sin Dios, ganar riquezas sin Dios, buscar placer sin Dios. Verdadero significado y gozo duradero sólo se encuentran al ver la vida como un regalo del Creador y al vivir la vida en obediencia a Él. La vida con Dios no significa que todos los misterios de la vida serán comprendidos, pero vivir en confianza humilde y sumisión sencilla nos encaminan hacia tener satisfacción del alma.

CANTAR DE LOS CANTARES

Cantar de los Cantares es una colección de poemas de amor que celebran amor y romance matrimonial. Este libro usa hermoso y pintoresco lenguaje para comunicar la máxima expresión de amor romántico entre un hombre y una mujer. Los diferentes poemas celebran el tiempo prolongado que la pareja pasa juntos, sus palabras de admiración mutua, sus expresiones mutuas de deseo, hasta la consumación de su amor. El libro es un recordatorio claro que Dios creó el romance y desea que Sus hijos lo disfruten al máximo dentro del contexto del matrimonio.

10. Acerca de los libros proféticos, lo primero que debe saber es que las descripciones de mayores y menores se refieren a la longitud y no la importancia. (No se confunda.)

Los 17 libros proféticos generalmente se dividen en dos grupos: los Profetas mayores y los profetas menores.

Esta distinción no tiene nada que ver con la importancia o el valor del contenido de cada libro - simplemente tiene que ver con la longitud. Isaías tiene sesenta y seis capítulos, Jeremías tiene cincuenta y dos, y Ezequiel tiene cuarenta y ocho - todos son profetas mayores. Mientras que entre los profetas menores ninguno tiene más de catorce capítulos. Así que se entiende por qué a menudo se distinguen de esta manera. Pero la distinción es algo inconsistente, puesto que Daniel, un profeta mayor, solo tiene doce capítulos. Lamentaciones, otro profeta mayor, solo tiene cinco capítulos. Pero Zacarías, un profeta menor, tiene catorce capítulos.

¿Cuál es el punto? No se sorprenda cuando vea que se distingue entre profetas mayores y profetas menores, ¡pero tampoco cometa el error de pensar que los mayores son más importantes que los menores!

11. Lo segundo que debe saber acerca de los libros proféticos es que hay tres categorías principales: preexílicos, exílico y posexílicos, aunque tres de los libros proféticos no encajan en estas categorías.

Después del periodo de los Jueces, la nación deseaba un rey. Dios estableció la monarquía en Israel cuando Saúl fue nombrado rey en 1051 a.C. (1 Samuel 9).

Reinó por cuarenta años y después David se hizo rey en 1011 a.C. (2 Samuel 2). Después de que David reinó por cuarenta años, su hijo Salomón fue nombrado rey en 971 a.C. (1 Reyes 1). Finalmente, Salomón reinó por cuarenta años, y después de su muerte la nación se dividió en el reino del norte de Israel y el reino del sur de Judá en 931 a.C. (1 Reyes 12).

Conforme pasó el tiempo después de la división, tanto Israel como Judá se rebelaron contra el Señor. Dios mandó profetas a Su pueblo, algunos a Israel en el norte y otros a Judá en el sur, llamándoles a la obediencia a Su Palabra y advirtiéndoles del juicio venidero si seguían en rebeldía. Por ende, algunos de los profetas se conocen como <u>preexílicos</u>, puesto que profetizaron ya sea al reino del norte o del sur antes de que ese reino fuera llevado al exilio. Recuerden, el reino del norte de Israel no se arrepintió y fue llevado cautivo por los asirios en 722 a.C.. Los habitantes del reino del norte nunca realmente regresaron a la tierra. El reino del sur de Judá aguantó un poco más, pero eventualmente fueron llevados cautivos por los babilonios en 586 a.C.. Se les permitió regresar a la tierra bajo el decreto del Rey Ciro de Persia en 539 a.C.. Algunos de los profetas ministraron mientras que el reino del sur estaba en cautiverio en Babilonia y otros después de que regresaron a la tierra. Estos profetas son conocidos como profetas <u>exílicos</u> y <u>posexílicos</u>.

La división del reino ocurrió en 931 a.C. (1 Reyes 12). La destrucción de Israel (el reino del norte) ocurrió en 722 a.C. (2 Reyes 17). La destrucción de Judá (el reino del sur) ocurrió en 586 a.C. (2 Reyes 25). Por lo tanto, los profetas que ministraron en Israel antes de que el reino fuera exiliado encaja en la historia del Antiguo Testamento antes de 2 Reyes 17. Aquellos que ministraron en Judá antes de que el reino fuera exiliado encaja en la historia del Antiguo Testamento antes de 2 Reyes 25.

De nuevo, después de que el reino del norte fue exiliado, nunca realmente regresaron a su tierra. Por lo tanto, la Biblia no incluye ningún profeta que les ministrara durante o después de su exilio. Tres profetas ministraron al reino del sur durante el exilio y tres más ministraron después del regreso del reino del sur a su tierra.

5-12: Un panorama amplio del Antiguo Testamento

		Profetas preexílicos	Exilio	Profetas exílicos	Regreso	Profetas posexílicos
Reino dividido en 931 AC 1 Reyes 12	A Israel (Reino del norte)	Amós Oseas	722 AC 2 Reyes 17			
	A Judá (Reino del sur)	Joel Isaías Miqueas Sofonías Habacuc Jeremías	586 AC 2 Reyes 25	Lamentaciones Ezequiel Daniel	539 AC Esdras 1-2	Hageo Zacarías Malaquías

Hay tres libros proféticos que no encajan en esta tabla - Abdías, Jonás y Nahúm.

Los 17 libros históricos abarcan la historia principal del Antiguo Testamento.														
G	E	L	N	D	J	J	R	1S 2S	1R	2R	1C	2C	E	N	E
J								Sal	Pr E CC	Los libros proféticos encajan aquí, generalmente en tres categorías: preexílicos, exílicos y posexílicos. ¡Pronto lo explicaremos!				
Los libros poéticos y proféticos encajan en los lugares apropiados dentro de la historia principal.														

Al reino del norte de Israel antes del exilio a Asiria en 722 AC

AMÓS

Dios llamó a Amós a profetizar en contra del reino del norte de Israel antes de su exilio a Asiria en 722 a.C.. Después de pronunciar juico sobre los enemigos de Israel, Amós abofeteó a la nación con un pronunciamiento en contra de Israel mismo. Por sus pecados de deshonestidad y opresión de los pobres, su religión falsa, y su engreída auto-confianza, la nación quedó condenada a caer ante los asirios. Sin embargo, como los demás profetas, Amós concluyó su obra con una palabra de consolación que Dios restauraría la gloria y fuerza de Israel.

OSEAS

El amor fiel de Dios por Su pueblo Israel encontró una clara ilustración cuando Dios instruyó al profeta Oseas que debía restaurar y dar la bienvenida de regreso a Gomer, su esposa infiel. Oseas recuenta los pecados de Israel en contra del Señor quien había mostrado tanta gracia y bondad. También pronunció juicio venidero sobre la nación a través de aquellos con quiénes habían hecho una alianza imprudente, Asiria. A pesar de la rebeldía de Israel y el juicio venidero, el libro termina con una palabra de esperanza que Dios algún día restaurará a Su pueblo.

Al reino del sur de Judá antes del exilio a Babilonia en 586 a.C.

JOEL

El profeta Joel miró hacia una reciente plaga de langostas como una pequeña muestra del juicio que Dios traería sobre el reino del sur de Judá en el Día del Señor. Después de llamar al pueblo al arrepentimiento y advertirles de juicio venidero, Joel profetizó de un tiempo en el futuro cuando un remanente se arrepentiría y Dios restauraría la gloria física, espiritual y nacional del pueblo de Dios.

ISAÍAS

Isaías profetizó principalmente al reino del sur de Judá antes de su exilio a Babilonia en 586 a.C.. La primera parte del libro, los capítulos 1-39, está llena de mensajes de juicio contra las naciones y Judá. La segunda parte del libro, los capítulos 40-66, está llena de mensajes de consolación para Judá porque Dios prometió terminar su cautiverio, enviar a su Mesías y restaurar la gloria de su nación.

MIQUEAS

Aunque dedicó algo de atención al reino del norte de Israel, el destinatario principal del ministerio de Miqueas fue el reino del sur de Judá. Denunció a este reino por su rebeldía contra el Señor, haciendo notar que su formalidad exterior no podía esconder su corrupción interior. Por medio de una serie de oráculos, el profeta se enfocó en los pecados del reino, el juicio venidero y la restauración futura por el Señor de los que se arrepienten.

SOFONÍAS

Sofonías ministró al reino del sur de Judá y se enfocó en el venidero Día del Señor - un día de juicio e ira en contra del pueblo pecaminoso del Señor. Sin embargo, el profeta proclama que el tiempo vendrá cuando la fortuna de Judá será restaurada por medio de la fidelidad de su Dios.

HABACUC
El profeta justo Habacuc clamó al Señor para que ejerciera juicio sobre Su pueblo pecaminoso, el reino del sur de Judá, quedando sorprendido que Dios lo haría a través de los babilonios impíos. Conmovido por esta noticia - que Dios usaría a los impíos para juzgar a aquellos que eran más justos - el profeta apeló a Dios para que considerara la injusticia de los babilonios. Dios respondió que después de usar a los babilonios para juzgar a Su pueblo, también ejecutaría fiel juicio sobre los babilonios. El libro termina con una fuerte afirmación de fe en el Señor.

JEREMÍAS
Jeremías profetizó principalmente al reino del sur de Judá antes de su exilio a Babilonia en 586 a.C.. Aunque Jeremías fue fiel en llamar al pueblo de Dios al arrepentimiento y advertirles del juicio inminente por rehusarse a regresar a Dios, su obra fue recibida con resistencia y rechazo. Eventualmente sus profecías se cumplieron cuando los babilonios llevaron cautivos a Judá. Jeremías, a veces conocido como el «profeta llorón", se lamentó al ver la caída del reino y la destrucción de su templo.

Al reino del sur durante su exilio a Babilonia en 586 AC

LAMENTACIONES
Lamentaciones fue escrito por el profeta Jeremías justo después de la destrucción del templo de Jerusalén en el año 586 a.C.. Cinco lamentos se expresan en los cinco capítulos del libro. Cada uno expresa la angustia del profeta al ver la conquista del reino y la destrucción del templo, el símbolo más importante de su vida religiosa.

EZEQUIEL
Ezequiel fue llevado al cautiverio cuando Babilonia atacó a Judá en 597 a.C.. Inició su ministerio durante los exilios en Babilonia, declarando que el juicio de Dios terminaría abatiendo a Judá y su templo. Ezequiel también pronunció el juicio de Dios sobre las naciones antes de escribir acerca de cuestiones relacionadas con el arrepentimiento y eventual restauración del pueblo de Dios.

DANIEL

Daniel fue llevado al cautiverio cuando los babilonios atacaron Judá en 605 a.C.. Por su fidelidad, Daniel fue exaltado a una posición de gran influencia dentro del nuevo poder mundial, Persia. Por medio de las vivencias de Daniel y sus amigos, se estableció el camino de fe en medio de la persecución. A través de la sabiduría y profecías de Daniel, el plan de Dios para el triunfo final de Su reino se hizo evidente.

Al reino del sur de Judá después del regreso de Babilonia a su tierra bajo el decreto del Rey Ciro de Persia en 538 AC

HAGEO

Después de que Dios cumplió Su promesa de traer de regreso al reino del sur de Judá, el pueblo empezó a reconstruir el templo en Jerusalén. Pero muy pronto se enfocaron en otras prioridades y dejaron de trabajar en el templo por dieciséis años. Dios levantó a Hageo para animar al pueblo a dar prioridad a la obra de Dios y terminar el templo. Hageo también señaló el pecado del pueblo y levantó su mirada hacia el reino del futuro Mesías.

ZACARÍAS

Un contemporáneo de Hageo, Zacarías también animó al remanente que regresó del exilio a continuar su trabajo en el templo. Este libro está lleno de visiones, señales, profecías, visitas celestiales y la voz de Dios. Pero a la vez es muy práctico, llamando al pueblo de Dios al arrepentimiento y a la esperanza de la gloria futura del reino del Mesías.

MALAQUÍAS

Después de reconstruir tanto el templo como los muros de Jerusalén, el pueblo no tardó mucho en regresar a sus viejas costumbres - dudando del amor de Dios por ellos, fallando en rendirle el honor debido, casándose con extranjeros, dudando de la justicia de Dios, dejando de traer sus diezmos y ofrendas, y creyendo que vivir de manera piadosa era en vano. Malaquías reta al pueblo por estos pecados y termina con un llamado a la obediencia y una mirada hacia el futuro cuando el mensajero de Dios traería arrepentimiento.

Los tres profetas que no encajan en la estructura establecida anteriormente:

ABDÍAS
Abdías trajo una palabra de consuelo al reino del sur de Judá, declarando que sus vecinos al sureste, los edomitas, serían juzgados por Dios por rehusarse a ayudar a Judá en su momento de necesidad. Aunque Edom pensaba que estaba segura, el Señor declaró «Yo te derribaré».

JONÁS
Dios llamó al profeta Jonás a que predicara arrepentimiento a los ninivitas malvados. Pero Jonás se rehusó y tomó un barco en la dirección opuesta. Por medio de un tormenta tumultuosa y un gran pez, Dios captó la atención del profeta y, como consecuencia, Jonás se encaminó hacia Nínive. La gente recibió el mensaje y se arrepintió. Fue en ese momento que se nos revela la razón por la cual Jonás se rehusó inicialmente - él sabía que Su Dios de gracia perdonaría a los malvados ninivitas, ¡y él no deseaba que eso sucediera!

NAHUM
Jonás predicó a los ninivitas y se arrepintieron. Pero aproximadamente cien años después, los asirios (Nínive era la capital de Asiria) regresaron a sus prácticas de idolatría, violencia brutal y arrogancia. En 722 a.C. habían derrotado al reino del norte de Israel, y ahora estaban amenazando al reino del sur de Judá. Nahúm ofreció una voz profética de ánimo a Judá, anunciando que los asirios pronto serían destruidos. Su profecía eventualmente se cumplió cuando los babilonios derrotaron a los asirios en 612 a.C..

12. Al periodo entre el final del Antiguo Testamento (aproximadmente 400 a.C.) y el inicio del Nuevo Testamento (el ministerio de Juan el Bautista alreadedor de 30 d.C.) Se le conoce como los <u>años de silencio</u> porque no hubo palabra profética de parte de Dios durante este tiempo, aunque Dios estaba obrando tras bambalinas preparando el camino para Su Hijo.

Recuerde que el reino del sur de Judá regresó Del cautiverio en Babilonia para reconstruir el templo (el libro de Esdras) y los muros (el libro de Nehemías) en Jerusalén. Los profetas Hageo, Zacarías y Malaquías ministraron durante este tiempo.

Después de que Malaquías profetizó en 425 a.C., no hubieron más voces proféticas por los siguientes cuatrocientos años hasta que la voz de Juan el Bautista se escuchó clamando en el desierto: «Preparad el camino del SEÑOR». (Mateo 3:3)

A ese periodo de cuatrocientos años se le conoce como los años de silencio, meramente porque no hubo profetas inspirados que ministraron durante este tiempo. Sin embargo, es importante notar que Dios estaba obrando preparando el camino para el evangelio de Su Hijo.

- Dios estaba obrando usando la influencia de los griegos en toda la región para unirlos bajo la cultura y el idioma griego.

- Dios estaba obrando usando la influencia de los romanos porque trajeron paz militar a la región, construyeron carreteras extensivas y proveyeron un gobierno más estable.

- Dios estaba obrando entre Su pueblo, los judíos, usando la opresión bajo los asirios, los babilonios, los persas, los griegos y los romanos para avivar en ellos la chispa de una gran esperanza en la llegada del Mesías.

13-20: Un panorama amplio del Nuevo Testamento

13. El Nuevo Testamento está compuesto por 27 libros escritos por los primeros seguidores de Jesucristo.

Los treinta y nueve libros del Antiguo Testamento se escribieron antes del nacimiento de Jesucristo. los veinte y siete libros del Nuevo Testamento, encuentran después de su nacimiento, vida, muerte, resurrección y ascensión.

14. Los 27 libros del Nuevo Testamento están divididos en 5 Libros Históricos, 21 Epístolas (Cartas), y 1 Libro Profético.

El Nuevo Testamento está compuesto por tres diferentes tipos de libros: libros históricos, epístolas (cartas) y un libro profético. En la tabla a continuación los primeros cinco libros son libros históricos, los siguientes 21 libros son epístolas y el último libro es un libro profético.

LOS LIBROS DEL NUEVO TESTAMENTO			
LIBROS HISTÓRICOS	EPÍSTOLAS (CARTAS)		LIBRO PROFÉTICO
Mateo Marcos Lucas Juan Hechos	Romanos 1 Corintios 2 Corintios Gálatas Efesios Filipenses Colosenses 1 Tesalonicenses 2 Tesalonicenses 1 Timoteo 2 Timoteo Tito Filemón	Hebreos Santiago 1 Pedro 2 Pedro 1 Juan 2 Juan 3 Juan Judas	Apocalipsis

LOS LIBROS HISTÓRICOS
Los cinco libros históricos se dividen en dos partes. Los primeros cuatro son los Evangelios que graban el nacimiento, la vida, la muerte, la resurrección y la ascensión de Jesucristo. El siguiente libro, Hechos, graba la venida del Espíritu Santo sobre la iglesia en Pentecostés y el esparcimiento del evangelio por medio de la iglesia primitiva desde Jerusalén hasta Roma.

LAS EPÍSTOLAS (una palabra elegante para cartas)
Las veintiún epístolas están divididas en dos partes. A las primeras trece se les llama epístolas paulinas porque el Apóstol Pablo las escribió. A las siguientes ocho se les llama epístolas generales, porque fueron escritas por diferentes autores.

EL LIBRO PROFÉTICO
El último libro del Nuevo Testamento - y de toda la Biblia en sí - es el libro profético de Apocalipsis, la cual enseña lo que sucederá en el futuro.

15. Los Evangelios presentan la vida y el ministerio de Jesucristo desde la perspectiva distintiva de cuatro diferentes <u>autores</u> escribiendo a cuatro diferentes <u>audiencias</u> con cuatro diferentes <u>propósitos</u> en mente, y juntos iluminan la majestad de nuestro Salvador.

MATEO
Mateo escribió su Evangelio principalmente a una audiencia judía. Trazó la genealogía de Jesucristo hasta Abraham y David y demostró por medio de múltiples citas del Antiguo Testamento cómo Jesús cumplió las promesas del Antiguo Testamento. Mateo intentó persuadir a su audiencia que Jesús era el Mesías y describir la naturaleza de Su reino a la luz del inmenso rechazo de Cristo por los judíos.

MARCOS
Marcos escribió su Evangelio principalmente a una audiencia romana. Este Evangelio se enfoca más en las acciones de Jesús que en su enseñanza, porque Marcos deseaba presentar a Jesús como el siervo que vino a sufrir y dar su vida por otros. Marcos también buscaba enseñar que aquellos que siguen a Jesús deben estar dispuestos a sufrir el mismo fin.

LUCAS
Lucas escribió su Evangelio principalmente a una audiencia griega. Por medio de investigación meticulosa, este Evangelio graba la historia de Jesús a gran detalle y con precisión cronológica. Lucas presenta a Jesús como el Salvador para todos, demostrando el deseo de Jesús de buscar y salvar a personas de todas las clases sociales. Sanó a los enfermos y predicó el evangelio a los pobres y necesitados. Alcanzó a mujeres pecadoras, recolectores de impuestos despreciados y gente rechazada por la sociedad.

JUAN
Juan escribió su Evangelio principalmente para el mundo. Este Evangelio es el más teológico de los cuatro, mostrando que Jesús es verdaderamente el Hijo de Dios. Siete declaraciones de «Yo soy» revelan Su Persona - Él es el «pan de vida», «la luz del mundo», «la puerta,» «el buen pastor,» «la resurrección y la vida», «el camino,

la verdad y la vida», y «la vid verdadera». Siete señales revelan Su poder y validan Sus declaraciones - cambió el agua en vino, sanó al hijo del oficial, sanó al inválido en Betesda, alimentó a cinco mil, caminó sobre el agua, sanó al hombre ciego de nacimiento, y resucitó a Lázaro de la muerte. Juan declaró su propósito al escribir, «Muchas otras señales hizo también Jesús en presencia de sus discípulos, que no están escritas en este libro; pero estas se han escrito para que creáis que Jesús es el Cristo, el Hijo de Dios; y para que al creer, tengáis vida en su nombre» (Juan 20:30-31).

Desde una perspectiva amplia, cada uno de los cuatro Evangelios cubre la vida, enseñanza, muerte y resurrección de Jesús. Sin embargo, cada uno lo hace de una perspectiva distintiva, y juntos pintan un gran retrato del Salvador.

16. El libro de los Hechos graba el esparcimiento de la iglesia desde su nacimiento (1:1 - 2:43), su expansión en Jerusalén (3:1 - 6:7), hasta su extensión a Judea y Samaria (6:8 - 9:31), Antioquía (9:32 - 12:24), Asia Menor (12:25 - 16:5), la zona del Mar Egeo (16:6 - 19:20), y Roma (19:21- 28:31) - con cada movimiento siendo resumido en el reporte de progreso de Lucas.

Hechos es el único libro que continúa donde los Evangelios terminan, contestando la pregunta, «¿Qué pasó después de que Jesús ascendió al cielo?» La respuesta que encontramos es que después de ascender al cielo, Jesús envió al Espíritu Santo a las vidas de Sus seguidores, y a través de ellos la iglesia se esparció desde Jerusalén hasta Roma.

Lucas organizó esta historia del nacimiento, el crecimiento y la expansión de la iglesia con reportes de progreso a lo largo del libro. Primero, leemos del nacimiento de la iglesia en Hechos 1:1 - 2:45, y después Lucas reportó en el 2:47b: «Y el Señor añadía cada día al número de ellos lo que iban siendo salvos». En Hechos 3:1 - 6:7, vemos la influencia del evangelio creciendo dentro de Jerusalén conforme los seguidores de Jesús «llenaban la ciudad con sus enseñanzas». Entonces Lucas resume en el 6:7: «Y la palabra de Dios crecía, y el número de los discípulos se multiplicaba en gran manera en Jerusalén, y muchos de los sacerdotes obedecían a la fe».

Acto seguido, la iglesia se extendió a las zonas aledañas de Judea y Samaria en el 6:8 - 9:31, y después Lucas reportó en el 9:31: «Entretanto la iglesia gozaba de paz por toda Judea, Galilea y Samaria, y era edificada; y andando en el temor del Señor y en la fortaleza del Espíritu Santo, seguía creciendo». De ahí, la iglesia se extendió hacia el norte a Antioquía en el 9:32 - 12:24 y Lucas escribó este resumen: «Pero la palabra del Señor crecía y se multiplicaba».

Al empezar los viajes misioneros de Pablo, la iglesia se extendió a Asia Menor en el 12:25 - 16:5. Lucas escribió en el 16:5, «Así que las iglesias eran confirmadas en la fe, y diariamente crecían en número». De ahí la iglesia creció hacia las regiones alrededor del Mar Egeo en el 16:6 - 19:20. Lucas registró este progreso en el 19:20, «Así crecía poderosamente y prevalecía la palabra del Señor». Finalmente, la iglesia se extendió a Roma en el 19:21 - 28:31.

Lucas hizo un resumen de este progreso y cerró el libro escribiendo: «Y Pablo se quedó por dos años enteros en la habitación que alquilaba, y recibía a todos los que iban a verlo, predicando el reino de Dios, y enseñando todo lo concerniente al Señor Jesucristo con toda libertad, sin estorbo» (28:30-31).

En los Hechos, Jesús dio sus últimas instrucciones, ascendió al cielo, envió al Espíritu Santo a sus seguidores, y por medio de ellos extendió la iglesia evangelio-céntrica desde Jerusalén hasta Roma.

HECHOS
Escrito por Lucas, el libro de los Hechos graba la expansión del evangelio por medio de todo el mundo mediterráneo. En obediencia a las instrucciones de Jesús, habiendo sido llenos del el Espíritu Santo, los primeros seguidores de Cristo proclamaron el evangelio en la ciudad de Jerusalén, la zona aledaña de Judea y Samaria, y hasta las partes más remotas de la tierra por medio de los viajes misioneros de Pablo. La historia revela una fuerte fe, oración sincera y gran valentía.

17. Las cartas paulinas se entienden mejor dentro de su contexto histórico: después de su primer viaje misionero, Pablo escribió <u>Gálatas</u>; durante su segundo viaje misionero escribió <u>1 Tesalonicenses y 2 Tesalonicenses</u>; durante su tercer viaje misionero escribió <u>1 Corintios, 2 Corintios y Romanos</u>; durante su primer encarcelameinto en Roma escribió <u>Efesios, Colosenses, Filemón y Filipenses</u>; después de ser puesto en libertad escribió <u>1 Timoteo</u> y <u>Tito</u>; y finalmente, durante su segundo encarcelamiento en Roma, poco antes de su muerte, escribió <u>2 Timoteo</u>.

Las cartas de Pablo, de Romanos hasta Filemón, básicamente están puestas en orden de la más larga hasta la más corta. Pero a veces es de ayuda entender cómo caben históricamente dentro de la vida y el ministerio de Pablo. Hechos 13-28 registra los tres viajes misioneros del Apóstol Pablo y su «cuarto» viaje como prisionero a Roma. Fue durante estos tres viajes misioneros, su primer encarcelamiento en Roma, su ministerio posterior y segundo encarcelamiento, que las cartas de Pablo fueron escritas. Y en la providencia de Dios, podemos recordarlos porque Pablo escribió un libro durante su primer viaje, dos libros durante su segundo viaje, tres libros durante su tercer viaje y cuatro libros durante su «cuarto» viaje. Después escribió tres libros más durante su «cuarto» viaje como prisionero en Roma.

LAS EPÍSTOLAS DEL APÓSTOL PABLO			
Circunstancias	Libro(s) escrito(s)	Fecha aproximada	Lugar de escritura
1er viaje misionero	Gálatas	48-49 Durante 1er viaje	Antioquía de Siria
2º viaje misionero	1 Tesalonicenses 2 Tesalonicenses	51 51-52 Durante 2º viaje	Corinto Corinto
3er viaje misionero	1 Corintios 2 Corintios Romanos	56 56 56-57 Durante 3er viaje	Éfeso Macedonia Corinto
"4º" viaje misionero 1er encarcelamiento	Efesios Colosenses Filemón Filipenses	60 61 61 62 Durante encarcelamiento	Roma Roma Roma Roma
Después de su liberación	1 Timoteo Tito	62 66 Después de su liberación	¿Macedonia? ¿Macedonia?
Durante su último encarcelamiento	2 Timoteo	67 Durante encarcelamiento	Roma

Después del primer viaje misionero de Pablo, regresó a Antioquía y escribió Gálatas.

GÁLATAS

Después de predicar de Cristo y plantar iglesias en la zona sur de Galacia, Pablo recibió noticias que falsos maestros habían llegado y estaban destruyendo su obra. Estaban cuestionando la autoridad de Pablo como apóstol y enseñando un evangelio falso. Pablo escribió a los Gálatas para defender su apostolado y el evangelio de la gracia de Dios, así como para animar a sus lectores a vivir la vida cristiana en el poder del Espíritu Santo.

Durante su segundo viaje misionero, Pablo escribió 1 y 2 Tesalonicenses desde Corinto.

1 TESALONICENSES
Después de ministrar en Tesalónica y seguir hasta Atenas, Pablo envió a Timoteo a Tesalónica para revisar cómo estaban los creyentes. Pablo siguió hasta Corinto. Cuanda Timoteo y negresó con reporte, Pablo escribió 1 Tesalonicenses para felicitarlos por la fe, el amor y la esperanza de los creyentes, para defender su ministerio contra acusaciones falsas, y para llamar a sus lectores a mayor excelencia en su vida cristiana.

2 TESALONICENSES
Mientras todavía estaba en Corinto, un poco después de escribir 1 Tesalonicenses, Pablo recibió otro reporte de la iglesia. Esta vez había dudas acerca del Día del Señor y el anticristo. Pablo escribió 2 Tesalonicenses para responder a sus preguntas y animarlos a continuar en la esperanza del futuro triunfo de Jesús a pesar de sus difíciles circunstancias.

Durante su tercer viaje misionero, Pablo escribió 1 Corintios desde Éfeso. Después continuó hasta Macedonia y escribió 2 Corintios. Eventualmente llegó a Corinto donde escribió Romanos.

1 CORINTIOS
Aparentemente hubo una «carta previa» escrita antes de 1 Corintios de la cual no tenemos registro (1 Corintios 5:9-11). Pablo escribió 1 Corintios para corregir los errores de los creyentes respecto a divisiones en la iglesia, inmoralidad no confrontada entre ellos (el tema de la «carta previa» en 5:9-11), demandas legales injustificadas entre creyentes e inmoralidad sexual. Después respondió a varias preguntas que la iglesia tenía acerca del divorcio, la carne sacrificada a ídolos, la Cena del Señor, los dones espirituales y la resurrección de Jesús.

2 CORINTIOS
Aparentemente antes de escribir 2 Corintios, Pablo hizo una «visita triste» que no está registrada en el libro de los Hechos (2 Corintios 2:1) y escribió una «carta de angustia» de la cual no tenemos registro (2 Corintios 2:4). Después de salir de Éfeso para encontrarse con Tito y escuchar cómo los corintios habían respondido a la «carta de angustia», Pablo llegó a Macedonia donde escuchó que

habían respondido bien. Después escribió 2 Corintios para expresar su gozo ante su arrepentimiento, para animarlos a contribuir económicamente a los creyentes necesitados en Jerusalén, y a defenderse contra algunos en Corinto que estaban retando su autoridad apostólica.

ROMANOS

Pablo estaba ansioso por predicar de Cristo en Roma y posiblemente establecer esta ciudad como la sede de su futura actividad misionera. Desde Corinto, justo antes de ir a Jerusalén con la ofrenda para los creyentes en necesidad, Pablo escribió a los romanos en preparación para su llegada. En su carta más sistemática, Pablo estableció su teología de la condenación de todos por el pecado, la justificación de los creyentes por medio del evangelio, la santificación de los creyentes por medio de su unión con Cristo y la llenura del Espíritu Santo, la vindicación de Dios en relación al presente rechazo de Israel y su futuro arrepentimiento, y la aplicación del evangelio a la vida diaria.

El «cuarto viaje misionero» de Pablo lo llevó a Roma como prisionero. Mientras estaba bajo arresto domiciliario por dos años, Pablo escribió cuatro cartas, probablemente en este orden - Efesios, Colosenses, Filemón y Filipenses.

EFESIOS

En la carta a los efesios, Pablo ocupó los primeros tres capítulos para hablar del gran llamado del creyente y los últimos tres enfocado en su conducta. En la primera parte de la carta, Pablo establece que la obra de Dios en la salvación fue lograda para el bien eterno del creyente y para demostrar Su gloriosa gracia. En la parte final de la carta, Pablo hace un llamado a que los cristianos fieles «caminen» - que «caminen» en unidad, santidad, amor, luz y sabiduría. Finalmente, los llama a «estar firmes».

COLOSENSES

En la carta a los colosenses, Pablo de nuevo se enfoca en doctrina cristiana la primera mitad en y en el deber cristiana en la sugunda mitad. Después de felicitar a los creyentes por su fe y amor, Pablo exalta la supremacía de Jesucristo tanto en Su persona como en Su obra. Exhorta a los creyentes a demostrar verdadera espiritualidad, aquella que está enfocada en Jesús y no en reglas legalistas. En los últimos dos capítulos se enfoca en aspectos de la vida cristiana práctica.

FILEMÓN
Onésimo era un esclavo prófugo que se convirtió al cristianismo bajo el ministerio de Pablo mientras estaba en Roma. Ahora, por fidelidad a Cristo, Onésimo se sintió impulsado a regresar a su amo, Filemón. Pablo escribió esta carta motivando a Filemón a que aceptara a Onésimo ya no como esclavo, sino como hermano amado, porque Pablo había llegado a amarlo como un siervo útil en el evangelio. Pablo se compromete a pagarle a Filemón cualquier deuda que tuviera Onésimo.

FILIPENSES
Aún en prisión, Pablo estaba consumido por el gozo del Señor. Escribió a los filipenses para felicitarlos y agradecerles como iglesia por el apoyo económico a su ministerio. También motivó a estos creyentes a que buscarán harmonía cristiana, puesto que las relaciones interpersonales en la iglesia estaban sufriendo. Debían ejemplificar el mismo tipo de humildad con otros que Jesucristo mostró cuando dejó la gloria del cielo, se hizo hombre y murió por otros. Pablo también les proveyó un excelente ejemplo de contentamiento puesto que él había aprendido el secreto, «Todo lo puedo en Cristo que me fortalece». (4:13).

El libro de los Hechos termina en el capítulo 28 con Pablo bajo arresto domiciliario en Roma. La historia de su vida después de esto se tiene que juntar por piezas en base a lo que encontramos en sus últimas cartas. La mayoría de los eruditos creen que Pablo fue puesto en libertad de su arresto domiciliario en Roma y continuó con su labor misionera. Durante este tiempo de ministerio escribió 1 Timoteo y Tito.

1 TIMOTEO
Después de dejar a Timoteo como el líder de la iglesia en Éfeso, Pablo escribió para instruir a su joven discípulo en la abrumadora tarea de dirigir a la iglesia. Pablo animó a Timoteo a enfrentar directamente las situaciones de falsos maestros, desorden en la adoración, liderazgo capaz, responsabilidad pastoral, viudas en la iglesia, materialismo, y más.

TITO
Al igual que Timoteo en Éfeso, Pablo había dejado a Tito en la isla de Creta para dirigir la obra de Cristo. Pablo escribió instrucciones a Tito referente al reconocimiento de ancianos calificados en cada iglesia local, así como la necesidad de instruir al pueblo de Dios para que vivieran vidas de influencia

inspirados por la gracia de Dios y en humildad por la bondad, el amor y la misericordia de Dios.

Finalmente, Pablo fue arrestado de nuevo y llevado a un encarcelamiento mucho más severo en Roma. Durante este encarcelamiento, Pablo escribió su carta final, 2 Timoteo. Poco después de escribir, Pablo fue decapitado.

2 TIMOTEO
Pablo fue llevado a prisión por última vez. Tenía frío, se sentía solo y el olor a muerte impregnaba el aire. Pablo escribió a Timoteo como de padre a hijo, de maestro a discípulo, exhortándolo a cumplir su ministerio con valentía aún al enfrentar dificultad, sabiendo que Cristo recompensará a Sus siervos fieles. En un libro pequeño pero de gran motivación, Pablo reta a Timoteo a que avive el don que hay en él, que sufra dificultad por causa del evangelio, que continúe en la verdad, que proclame la Palabra, que pelee la buena batalla, que termine la carrera y que se mantenga fiel en la fe.

18. Las cartas generales (no-paulinas) fueron escritas por <u>varios</u> autores, algunas a audiencias más <u>generales</u>, y otras para complementar la enseñanza de Pablo y ofrecer una perspectiva <u>enriquecedora</u> acerca de las verdades del cristianismo y la vida cristiana.[9]

HEBREOS
El escritor desconocido de esta carta escribió principalmente a una audiencia judía para animarlos a seguir fieles a Jesucristo al enfrentar la persecución. Muchos se sentían tentados a abandonar su compromiso cristiano y regresar a sus viejas tradiciones bajo el judaísmo. En un esfuerzo por animarles a ser fieles al Señor, el autor establece la supremacía de Jesucristo y les advierte en contra de rechazarle.

SANTIAGO
Santiago, el hermano del Señor, escribió para motivar a sus lectores a poner en práctica su fe. A diferencia de las cartas paulinas que a menudo inician enfocándose en doctrina antes de girar hacia la práctica, Santiago desde un inicio habla de cuestiones prácticas y hace referencia a temas como las tribulaciones, la tentación, la fe y las obras, la lengua, la mundanalidad, la planificación, las riquezas y la oración.

1 PEDRO
Los lectores de Pedro estaban sufriendo por las pruebas misteriosas de la vida y por el aislamiento y rechazo de la persecución. Les escribió para recordarles a sus lectores de su gloriosa salvación, el propósito de las pruebas y su llamado a la santidad y el amor. También les animó a vivir con excelencia como ciudadanos, empleados, cónyuge y cristianos bajo persecución, para que su comportamiento fuera distintivo y de influencia a su cultura.

2 PEDRO
En esta carta Pedro hizo un llamado a sus lectores a que evitaran estancarse en su fe y procuraran una vida de crecimiento continuo que los haría útiles para la obra de Cristo. Les advirtió de los falsos profetas, les aseguró de la destrucción segura de los falsos maestros, y retó a sus lectores a seguir creciendo en el conocimiento de Jesucristo para que estuvieran alertas en contra de enseñanza errónea.

1 JUAN
Juan deseaba darle a sus lectores la seguridad que en verdad tenían vida eterna. Con este fin, Juan entreteje en esta carta tres pruebas por las cuales esto se podría definir - amor por otros creyentes, obediencia a Dios, y fe en Jesucristo. De manera clara, Juan afirma que la salvación se evidencia en amor por otros dentro de la familia de Dios, obediencia a la voluntad de Dios (no perfección, sino dirección), y una fe correcta en Jesús. Si una persona posee estos tres elementos, entonces está mostrando evidencia de pertenecer a Dios. Si una persona no posee estas cosas, entonces esta persona está mostrando evidencia de no pertenecer a Dios.

2 JUAN
Juan escribe esta carta a una iglesia local (la señora escogida) y sus miembros (sus hijos), animándolos a seguir fuertes en la verdad de Jesucristo. Juan advirtió de falsos maestros que buscaban infiltrar la iglesia y llamó a los creyentes a mantenerse firmes en contra del error.

3 JUAN
En esta carta Juan felicita al destinatario, Gayo, por su compromiso con la verdad y su amor por la iglesia. Lo anima a que continúe apoyando a misioneros fieles, y después escribe de asuntos relacionados con dos hombres, Diótrefes, un hombre infiel, y Demetrio, un hombre fiel.

JUDAS

Judas escribe para exhortar a sus lectores a «contender» por la fe cuando enfrentan enseñanza falsa. Tras demostrar la segura destrucción de falsos maestros, Judas anima a los creyentes a una vida de verdad, oración, esperanza y ministerio.

19. Apocalipsis es el último libro de la Biblia y graba la <u>visión de Jesús</u> que vio Juan (1:12-16), las cartas de Jesús a las <u>iglesias</u> existentes en el tiempo de Juan (Cap. 2-3), y las cosas que sucederán en el <u>futuro</u> (Cap. 4-22), resaltando la segunda venida de Jesucristo y la vida eterna tanto para creyentes como para inconversos.

Apocalipsis 1:19 parece ser el bosquejo del contenido de este libro - «Escribe, pues, las cosas que has visto, y las que son, y las que han de suceder después de estas».

- «Las cosas que has visto» se refiere a la visión específica de la resurrección y exaltación de Cristo que Juan escribe en Apocalipsis 1: 12-16.

- «Las (cosas) que son» se refiere a las cartas que Jesús le dicta a siete iglesias en el tiempo de Juan, las iglesias de Éfeso, Esmirna, Pérgamo, Tiatira, Sardis, Filadelfia y Laodicea. Juan escribe estas palabras de Jesús en Apocalipsis 2:1 - 3:22.

- «Las (cosas) que han de suceder después de estas» se refiere al resto del libro que establece el surgimiento del anticristo, la tribulación, la segunda venida de Jesús, Su reino, el juicio del gran trono blanco, y el estado eterno. Juan escribe estas cosas en Apocalipsis 4:1 - 22:21.

Habiendo dicho esto, muchos buenos teólogos que creen en la Biblia difieren en cuanto a cómo se debe interpretar el libro de Apocalipsis. Algunos, inclusive, estarían en desacuerdo con mi descripción anterior del libro. Pero todos los creyentes que creen en las Escrituras estamos de acuerdo en dos puntos principales acerca del futuro - Jesucristo regresará algún día a esta tierra, y aquellos que le conocen pasarán la eternidad con Él, mientras que los que rechazan Su salvación pasarán la eternidad separados de Él.

APOCALIPSIS

Con el fin de motivar tanto santidad como esperanza en sus lectores, el Apóstol Juan escribe este libro a creyentes en las siete iglesias ubicadas en Asia Menor. Bajo la instrucción del Señor, Juan graba «las cosas que ha visto» (una visión exaltada del Señor Jesús), «las cosas que son» (las cartas de Jesús para felicitar o confrontar a las siete iglesias) y «las cosas que han de suceder después de estas» (la tribulación, el surgimiento del anticristo, la segunda venida de Jesús, el establecimiento de Su reino, la rebeldía final de Satanás, el juicio del gran trono blanco, y el estado eterno).

20. Sujétese de la Biblia al <u>escuchar</u>, <u>leer</u>, <u>estudiar</u>, <u>memorizar</u>, <u>meditar en</u> y <u>aplicar</u> la Biblia para toda la vida.

Éstas son las seis disciplinas que debe uno cultivar para llegar a ser una persona fuerte en las Escrituras.

ESCUCHAR LA PALABRA

Cada creyente necesita cultivar la disciplina de escuchar la Palabra de Dios, ya sea de manera audible o enseñada. Hay muchos excelentes recursos disponibles como la Biblia en audio o en línea, que le permiten escuchar la Palabra de Dios vez tras vez. Además, cada creyente debe aprovechar oportunidades para recibir buena enseñanza bíblica - por medio de diversos recursos, pero especialmente en una iglesia local.

LEER LA PALABRA

No es suficiente que un cristiano simplemente escuche la Palabra leída o enseñada. Cada cristiano también debe cultivar la disciplina personal de leer la Palabra. Leer la Palabra significa avanzar por todos los libros de la Biblia a un paso constante. Es sentarse y leer el libro de Génesis en una semana o dos. Es apartar 30 minutos para leer por completo la carta de Pablo a los efesios. Esto es simplemente leer la Biblia.

ESTUDIAR LA PALABRA
No es suficiente solo escuchar o leer la Palabra de Dios. El creyente debe también estudiar la Palabra de Dios. Si leer es avanzar por los libros de la Biblia a un paso constante, entonces estudiar la Palabra es avanzar por cada pasaje de la Biblia de manera lenta pero segura. Involucra tener papel y pluma a la mano, tomando nota de palabras claves, contemplando la relación entre diferentes párrafos, haciendo estudio de palabras, etc. Leer la Palabra se puede comparar con volar por encima de una ciudad para ver el panorama completo. Estudiar la Palabra es aterrizar el avión y caminar por las calles para familiarizarse con cada área de la ciudad.

MEMORIZAR LA PALABRA
No es suficiente escuchar, leer y estudiar la Palabra de Dios. El creyente debe cultivar la disciplina de memorizar la Palabra de Dios. El salmista dijo: «En mi corazón he atesorado tu palabra, para no pecar contra ti». (Salmo 11:11) Esto involucra tomar versículos favoritos, pasajes importantes, y aún libros enteros de la Biblia y trabajar diligentemente en guardarlos en tu mente. En la guerra espiritual, Jesús citó versículos bíblicos que había memorizado (Mateo 4:1-11).

MEDITAR EN LA PALABRA
No es suficiente escuchar leer estudiar y memorizar la Palabra de Dios. El cristiano también debe meditar en la Palabra de Dios. La meditación de la Palabra es totalmente diferente a meditación del tipo «nueva era» que involucra vaciar tu mente. En contraste, la meditación bíblica anima al creyente a llenar su mente con la verdad de la Biblia, repasando los pensamientos de la Palabra de Dios en su mente vez tras ves. El salmista dijo de la persona piadosa, «Sino que en la ley del SEÑOR está su deleite, y en su ley medita de día y de noche» (Salmo 1:2).

APLICAR LA PALABRA
Finalmente, no es suficiente escuchar, leer, estudiar, memorizar y meditar en la Palabra de Dios. El cristiano debe ir más allá y aplicar la Palabra de Dios. ¿Hay algún pecado que debe evitar? ¿Hay alguna promesa que debe apropiar? ¿Hay algún ejemplo a seguir? ¿Hay un mandato para obedecer? ¿Hay una oración que puede expresar? ¿Qué es lo que este pasaje nos enseña acerca de Dios, de nosotros mismos, de lo que Dios ha hecho y de cómo debo responder?

Notas

1. «The Mind of God," Bible.org, accesado el 17 de octubre del 2017, https://bible.org/illustration/mind-god.

2. Max Anders, *30 días para entender la Biblia* (Nashville, Tennessee: Grupo Nelson, 2011), 28-29.

3. J. Hampton Keathley, III. «The Non-Pauline Epistles" publicado el 4 de agosto del 2004, http://bible.org/article/non-pauline-epistles. Me gusta lo que dice Keathley: «Son un suplemento a las trece epístolas paulinas al ofrecer una perspectiva diferente de la riqueza de la verdad cristiana».

4. Charles Cladwell Ryrie, Teología Básica (Miami, Florida: Editorial Unilit, 1993), 80.

5. Norman L. Geisler, ed., *Inerrancy* (Grand Rapids, Michigan: Zondervan Publishing House, 1980) 294.

6. Wayne A. Grudem, *Teología Sistemática: Una introducción a la doctrina bíblica* (Miami, Florida: Editorial Vida, 2007), 74.

7. Josh McDowell, *Nueva evidencia que demanda un veredicto* (El Paso, Texas: Editorial Mundo Hispano, 2004), 3-7.

8. Max Anders, *30 días para entender la Biblia* (Nashville, Tennessee: Grupo Nelson, 2011), 28-29.

9. J. Hampton Keathley, III. «The Non-Pauline Epistles" publicado el 4 de agosto del 2004, http://bible.org/article/non-pauline-epistles. Me gusta lo que dice Keathley: «Son un suplemento a las trece epístolas paulinas al ofrecer una perspectiva diferente de la riqueza de la verdad cristiana».

ACLARANDO LA BIBLIA

DESCARGUE LOS VIDEOS DIGITALES **GRATUITAMENTE** CON EL SIGUIENTE CUPÓN.

SIGA ESTOS PASOS SENCILLOS:

1. INGRESE A **WWW.ACLARANDOLABIBLIA.COM/VIDEO-ACLARANDO**
2. ESCRIBA LA CONTRASEÑA: **ACLARANDO-1.**
3. ¡DISFRUTE EL VIDEO!

www.ingramcontent.com/pod-product-compliance
Lightning Source LLC
Chambersburg PA
CBHW062118080426
42734CB00012B/2901